Estrategia y Nuevos Modelos de Negocio en la Era Digital

ICB Editores (Interconsulting Bureau S.L.)
C/ Flauta Mágica, 1, local 1B
P.I. Alameda 29006 – Málaga. España
Tfno: (+34) 952 28 87 67
info@icbeditores.com
www.icbeditores.com

Estrategia y Nuevos Modelos de Negocio en la Era Digital

Coordinadora de la obra: María Dolores Pérez Rodríguez
Licenciada en Pedagogía por la Universidad de Málaga

1ª edición, 06/2025

ISBN: 978-84-19720-56-6

Impreso en España - *Printed in Spain*

Código: MAIC005216

C.20181023110654 - M.20250623095509

ÍNDICE

1.Estrategia y nuevos modelos de negocio en la era digital

ICB
EDITORES

MÓDULO

1.Estrategia y nuevos modelos de negocio en la era digital

Contenido del Módulo

ICB
EDITORES

UNIDAD

1.1. Estrategia y Modelo de Negocio

Contenido de la Unidad

- Fundamentos de Estrategia Empresarial
- Modelos de Negocio Clásicos
- Resumen

ICB
EDITORES

1. Fundamentos de Estrategia Empresarial

Bienvenidos al apasionante mundo del emprendimiento. Antes de adentrarnos en los detalles operativos de cómo iniciar y gestionar un negocio, es fundamental comprender los conceptos básicos de la estrategia empresarial. La estrategia es el corazón de cualquier empresa exitosa, ya que define la dirección y el enfoque que guiarán todas las decisiones futuras.

1.1. Definición de estrategia y su importancia en el emprendimiento

La estrategia empresarial es un plan integral que establece cómo una organización alcanzará sus objetivos a largo plazo. No se trata simplemente de reaccionar a las circunstancias actuales, sino de anticiparse al futuro y trazar un camino que permita a la empresa posicionarse favorablemente en el mercado.

En el contexto del emprendimiento, la estrategia es esencial por varias razones:

- **Dirección clara:** Proporciona un rumbo definido, evitando que el emprendedor se desvíe con oportunidades que no aportan al objetivo principal.
- **Ventaja competitiva:** Ayuda a identificar y desarrollar fortalezas únicas que diferencian al negocio de la competencia.
- **Asignación eficiente de recursos:** Permite enfocar tiempo, dinero y esfuerzos en áreas que maximizarán el retorno de la inversión.
- **Adaptabilidad:** Facilita la anticipación de cambios en el mercado y la adaptación a nuevas tendencias o desafíos.

Sin una estrategia sólida, los emprendedores corren el riesgo de perderse en un mar de decisiones tácticas sin coherencia, lo que puede conducir a la ineficiencia y, en última instancia, al fracaso del negocio.

- Componentes clave de la estrategia empresarial

La estrategia empresarial generalmente abarca varios elementos fundamentales:

1.2. Visión, misión y valores como pilares estratégicos

Antes de desarrollar una estrategia detallada, es crucial establecer la visión, misión y valores de la empresa. Estos elementos forman la base sobre la cual se construirá toda la organización.

- **Visión:** imaginando el futuro ideal

La visión es una declaración inspiradora que describe el estado futuro deseado de la empresa. Representa la aspiración más elevada y sirve como guía para todas las decisiones estratégicas. Una buena visión es:

⇨ **Inspiradora y motivadora:** Debe energizar a los empleados y atraer a clientes y socios.

- ⇨ **Clara y concisa:** Fácil de entender y recordar.
- ⇨ **Orientada al futuro:** Proyecta lo que la empresa quiere lograr a largo plazo.

Ejemplos de visión empresarial:

- ⇨ **Microsoft:** "Ayudar a las personas y empresas de todo el mundo a alcanzar su máximo potencial."
- ⇨ **IKEA:** "Crear una vida cotidiana mejor para la mayoría de las personas."

La visión establece un objetivo final que, aunque pueda parecer ambicioso, es alcanzable con el esfuerzo colectivo y una estrategia bien definida.

♦ **Misión:** definiendo el propósito actual

La misión describe el propósito fundamental de la empresa, es decir, qué hace, para quién lo hace y cómo lo hace. Mientras que la visión mira hacia el futuro, la misión se centra en el presente y en cómo la empresa opera para alcanzar su visión.

Una misión efectiva debe:

- ⇨ **Especificar las actividades principales:** Indicar claramente qué productos o servicios ofrece.
- ⇨ **Enfocarse en el cliente:** Identificar quiénes son los clientes y cómo se satisfacen sus necesidades.
- ⇨ **Reflejar los valores y la cultura:** Mostrar los principios que guían la operación diaria.

Ejemplos de misión empresarial:

- ⇨ **Google:** "Organizar la información del mundo y hacerla universalmente accesible y útil."
- ⇨ **Nike:** "Traer inspiración e innovación a cada atleta del mundo."

La misión sirve como brújula en el día a día, asegurando que todas las acciones estén alineadas con el propósito central de la empresa.

- **Valores:** principios que guían el comportamiento

Los valores son los principios y creencias fundamentales que guían la conducta de la organización y sus empleados. Definen la cultura corporativa y establecen estándares para las decisiones y acciones.

Al establecer los valores, es importante que sean:

⇨ **Auténticos:** Deben reflejar verdaderamente lo que la empresa representa.

⇨ **Prácticos:** Deben ser aplicables en situaciones reales y guiar el comportamiento cotidiano.

⇨ **Compartidos:** Deben ser aceptados y practicados por todos en la organización.

Ejemplos de valores empresariales comunes:

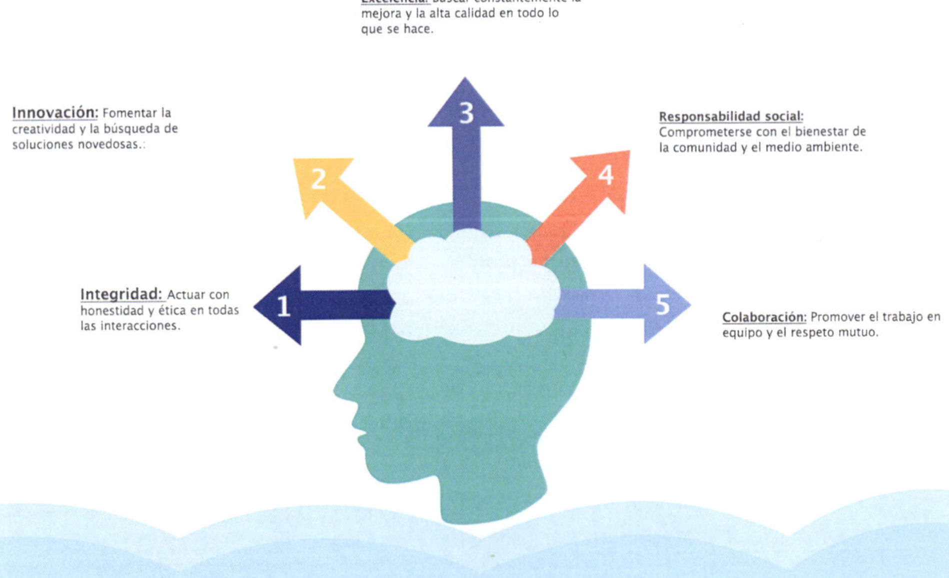

Los valores crean una identidad compartida y una base sólida para construir relaciones con empleados, clientes y socios.

1.3. Análisis de entorno: herramientas para comprender el contexto

Una vez establecidos la visión, misión y valores, es esencial analizar el entorno en el que la empresa operará. Este análisis permite identificar oportunidades y amenazas externas, así como comprender las dinámicas del mercado.

- **Análisis PESTEL:** evaluando factores macroambientales

  El modelo PESTEL es una herramienta que ayuda a analizar los factores macroambientales que pueden influir en la empresa. Se enfoca en seis áreas:

1. **Políticos:** Legislación, políticas gubernamentales, estabilidad política, acuerdos internacionales.

   ⇨ **Ejemplo:** Cambios en regulaciones fiscales que afectan a las empresas.

2. **Económicos:** Condiciones económicas generales, tasas de interés, inflación, desempleo.

   ⇨ **Ejemplo:** Una recesión económica que reduce el poder adquisitivo de los consumidores.

3. **Sociales:** Tendencias demográficas, cambios culturales, estilos de vida, educación.

   ⇨ **Ejemplo:** Aumento en la conciencia sobre la salud que impulsa la demanda de alimentos orgánicos.

4. **Tecnológicos:** Innovaciones, desarrollo tecnológico, obsolescencia, infraestructura tecnológica.

   ⇨ **Ejemplo:** Avances en inteligencia artificial que crean nuevas oportunidades de negocio.

5. **Ecológicos:** Factores ambientales, cambio climático, regulaciones ambientales, sostenibilidad.

- ⇨ **Ejemplo:** Normativas sobre reducción de emisiones que afectan a industrias manufactureras.

6. **Legales:** Legislación laboral, protección al consumidor, leyes de propiedad intelectual.
   - ⇨ **Ejemplo:** Leyes de protección de datos que requieren cambios en la gestión de la información del cliente.

El análisis PESTEL permite anticipar cómo estos factores pueden impactar al negocio y adaptar la estrategia en consecuencia.

- **Modelo de las Cinco Fuerzas de Porter:** entendiendo la competitividad de la industria

El modelo de las Cinco Fuerzas de Porter es una herramienta que analiza la estructura competitiva de una industria y su rentabilidad potencial. Las cinco fuerzas son:

1. **Rivalidad entre competidores existentes:** Nivel de competencia directa en el mercado.
   - ⇨ **Factores para considerar:** Número de competidores, crecimiento de la industria, diferenciación de productos.
   - ⇨ **Implicación:** Una alta rivalidad puede llevar a guerras de precios y reducción de márgenes.
2. **Amenaza de nuevos entrantes:** Posibilidad de que nuevas empresas ingresen al mercado.
   - ⇨ **Factores a considerar:** Barreras de entrada, economías de escala, requisitos de capital.
   - ⇨ **Implicación:** Barreras altas protegen a las empresas existentes; barreras bajas aumentan la competencia.
3. **Poder de negociación de los proveedores:** Capacidad de los proveedores para influir en los precios y condiciones.

- ⇨ **Factores a considerar:** Número de proveedores, unicidad de los insumos, costos de cambio.
- ⇨ **Implicación:** Un poder alto de los proveedores puede aumentar los costos y reducir la rentabilidad.

4. **Poder de negociación de los compradores:** Influencia de los clientes en los precios y condiciones.
   - ⇨ **Factores a considerar:** Volumen de compras, sensibilidad al precio, disponibilidad de alternativas.
   - ⇨ **Implicación:** Compradores con mucho poder pueden presionar para obtener precios más bajos o mayor calidad.
5. **Amenaza de productos o servicios sustitutos:** Disponibilidad de alternativas que satisfacen la misma necesidad.
   - ⇨ **Factores a considerar:** Relación precio-rendimiento de sustitutos, costos de cambio para el cliente.
   - ⇨ **Implicación:** La presencia de sustitutos limita el precio que las empresas pueden cobrar.

Al aplicar el modelo de Porter, las empresas pueden desarrollar estrategias para mejorar su posición en el mercado, ya sea reduciendo amenazas o aprovechando oportunidades.

- ♦ Aplicación práctica del análisis del entorno

Realizar un análisis exhaustivo del entorno ayuda a:

Aplicación práctica del análisis del entorno

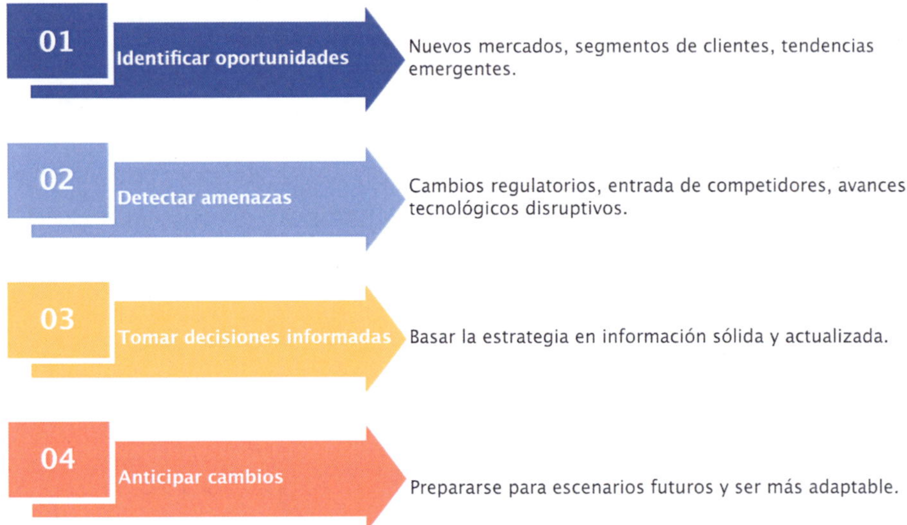

Por ejemplo, una empresa que detecta una creciente preocupación por la sostenibilidad puede adaptar sus productos para ser más ecológicos, aprovechando esta tendencia y diferenciándose de la competencia.

- Integración de los conceptos en la estrategia empresarial

Los elementos discutidos no son independientes; forman parte de un todo coherente que debe integrarse para desarrollar una estrategia efectiva.

- ⇨ La visión establece la meta a largo plazo.
- ⇨ La misión define cómo se alcanzará esa meta en el presente.
- ⇨ Los valores guían el comportamiento y la cultura organizacional.
- ⇨ El análisis del entorno proporciona información sobre el contexto en el que se opera.

Con esta información, la empresa puede establecer objetivos estratégicos y planes de acción que estén alineados con su identidad y adaptados a las realidades del mercado.

- Importancia de la coherencia y la alineación

Es fundamental que todos los componentes estén alineados. Una empresa con una visión de liderazgo en innovación tecnológica debe reflejar este enfoque en su misión, valores y decisiones estratégicas. De lo contrario, puede generar confusión interna y externa, afectando el rendimiento y la reputación.

La estrategia empresarial es el fundamento sobre el cual se construye un negocio exitoso. Para los emprendedores, comprender y aplicar estos conceptos es crucial en las etapas iniciales y a lo largo del desarrollo de la empresa.

Al definir claramente la visión, misión y valores, y al analizar detalladamente el entorno utilizando herramientas como PESTEL y el modelo de Porter, los emprendedores pueden establecer una dirección estratégica sólida. Esto les permitirá tomar decisiones informadas, adaptarse a los cambios y competir eficazmente en el mercado.

2. Modelos de Negocio Clásicos

En el mundo empresarial, comprender los modelos de negocio clásicos es fundamental para cualquier emprendedor que desee establecer una base sólida para su empresa. Estos modelos han sido probados a lo largo del tiempo y ofrecen valiosas lecciones sobre cómo las empresas crean, entregan y capturan valor.

2.1. Componentes Clave de un Modelo de Negocio Tradicional

Un modelo de negocio describe la lógica de cómo una organización crea, entrega y captura valor. Aunque los modelos pueden variar según la industria y el enfoque de la empresa, hay componentes clave que suelen estar presentes en un modelo de negocio tradicional:

1. **Propuesta de Valor: Es la oferta única que la empresa proporciona a sus clientes. Responde a la pregunta:** ¿Qué problema resuelve o qué necesidad satisface mi producto o servicio?
2. **Segmentos de Clientes:** Identifica a los grupos de personas o empresas

a los que la empresa sirve. Es crucial entender quiénes son los clientes y cuáles son sus necesidades y deseos.

3. **Canales de Distribución:** Son los medios a través de los cuales la empresa llega a sus clientes para entregar su propuesta de valor. Pueden ser canales directos (como tiendas propias) o indirectos (como distribuidores).

4. **Relación con el Cliente:** Define el tipo de interacción que la empresa establece con sus clientes. Puede ser personalizada, automatizada, de autoservicio, entre otras.

5. **Fuentes de Ingresos:** Describe cómo la empresa genera dinero a partir de cada segmento de cliente. Incluye estrategias de precios, modelos de suscripción, ventas directas, etc.

6. **Recursos Clave:** Son los activos esenciales necesarios para que el modelo de negocio funcione, como personal, tecnología, patentes, marcas, instalaciones, entre otros.

7. **Actividades Clave:** Las acciones más importantes que la empresa debe llevar a cabo para operar con éxito, como producción, diseño, marketing, logística, etc.

8. **Socios Clave:** Incluye alianzas y colaboraciones que ayudan a optimizar las operaciones, reducir riesgos o adquirir recursos. Pueden ser proveedores, socios estratégicos, joint ventures, etc.

9. **Estructura de Costos:** Comprende todos los gastos necesarios para operar el modelo de negocio. Es importante entender los costos fijos y variables, economías de escala, entre otros aspectos financieros.

Estos componentes están interrelacionados y, juntos, proporcionan una visión integral de cómo funciona una empresa y cómo puede lograr el éxito en su mercado.

Los modelos de negocio tradicionales suelen clasificarse en diferentes tipos según su enfoque principal. A continuación, se describen los más comunes:

2.2. Tipos de modelos: manufactura, distribución, retail, servicios.

1. Manufactura

   Descripción: Empresas que producen bienes físicos a partir de materias primas y los venden directamente a los consumidores o a intermediarios.

   ⇨ Características:

   - **Control de Producción:** Las empresas manufactureras controlan el proceso de producción, lo que les permite gestionar la calidad y los costos.
   - **Inversión en Activos:** Requieren una inversión significativa en maquinaria, instalaciones y tecnología.
   - **Gestión de Inventarios:** Deben administrar eficientemente el inventario de materias primas y productos terminados.

   ⇨ **Ejemplo:** Toyota Motor Corporation

   - **Propuesta de Valor:** Vehículos fiables y de alta calidad con tecnología innovadora.
   - **Segmentos de Clientes:** Consumidores que buscan automóviles desde económicos hasta de lujo.
   - **Canales de Distribución:** Red global de concesionarios y distribuidores autorizados.

2. Distribución

   Descripción: Empresas que actúan como intermediarios entre los fabricantes y los consumidores finales, comprando productos al por mayor y vendiéndolos al por menor.

   ⇨ Características:

   - **Amplia Red Logística:** Necesitan una cadena de suministro eficiente para mover productos desde los fabricantes hasta los puntos de venta.

- **Gestión de Relaciones:** Mantienen relaciones tanto con proveedores como con clientes minoristas.
- **Margen Comercial:** Obtienen ganancias a través de la diferencia entre el precio de compra y el precio de venta.

⇨ **Ejemplo:** Ingram Micro

- **Propuesta de Valor:** Distribución de productos tecnológicos y soluciones logísticas a minoristas y empresas.
- **Segmentos de Clientes:** Tiendas de electrónica, proveedores de servicios de TI, empresas que requieren soluciones tecnológicas.
- **Canales de Distribución:** Servicios de distribución y logística globales.

3. Retail (Venta al por Menor)

Descripción: Empresas que venden productos directamente al consumidor final, a menudo operando tiendas físicas o plataformas en línea.

⇨ Características:

- **Enfoque en el Cliente:** Ofrecen una amplia gama de productos y experiencias de compra atractivas.
- **Ubicación Estratégica:** Las tiendas suelen ubicarse en áreas de alto tráfico para maximizar las ventas.
- **Marketing y Branding:** Invierten en construir una marca fuerte y en campañas de marketing para atraer clientes.

⇨ **Ejemplo:** Walmart

- **Propuesta de Valor:** Precios bajos en una amplia variedad de productos, desde alimentos hasta electrónicos.
- **Segmentos de Clientes:** Consumidores que buscan valor y conveniencia.
- **Canales de Distribución:** Tiendas físicas en múltiples formatos y comercio electrónico.

4. Servicios

Descripción: Empresas que ofrecen servicios intangibles a clientes, en lugar de productos físicos. Estos servicios pueden ser profesionales, financieros, de salud, educativos, entre otros.

⇨ Características:

- **Capital Humano:** Dependencia significativa del conocimiento y habilidades de los empleados.
- **Personalización:** Servicios a menudo adaptados a las necesidades específicas de cada cliente.
- **Relación Continua:** Fomentan relaciones a largo plazo con los clientes para ofrecer servicios continuos o recurrentes.

⇨ **Ejemplo:** Deloitte

- **Propuesta de Valor:** Servicios de consultoría, auditoría, asesoramiento financiero y asesoría legal.
- **Segmentos de Clientes:** Empresas de todos los tamaños y sectores que requieren asesoramiento profesional.
- **Canales de Distribución:** Redes globales de oficinas y equipos especializados.

2.3. Caso de Estudio: Análisis de una Empresa Tradicional Exitosa

Empresa Seleccionada: The Coca-Cola Company

Introducción

The Coca-Cola Company es una de las empresas más reconocidas y exitosas a nivel mundial. Fundada en 1886, ha logrado mantenerse relevante y rentable a lo largo de más de un siglo en el competitivo mercado de las bebidas.

Análisis del Modelo de Negocio

1. Propuesta de Valor

   ⇨ **Producto Icónico:** Ofrecer bebidas refrescantes de alta calidad con sabores únicos, destacando su producto estrella, Coca-Cola.

   ⇨ **Diversificación:** Amplia gama de productos que incluyen refrescos, jugos, aguas, bebidas energéticas y té.

2. Segmentos de Clientes

   ⇨ **Mercado Masivo:** Dirigida a consumidores de todas las edades y estilos de vida en todo el mundo.

   ⇨ **Segmentación Geográfica:** Adaptación de productos y sabores a preferencias locales.

3. Canales de Distribución

   ⇨ **Red Global:** Utiliza una extensa red de embotelladores y distribuidores autorizados para llegar a diversos mercados.

   ⇨ **Puntos de Venta:** Presencia en supermercados, tiendas de conveniencia, restaurantes, máquinas expendedoras, entre otros.

4. Relación con el Cliente

   ⇨ **Marketing Emocional:** Campañas publicitarias que crean conexiones emocionales, asociando la marca con momentos de felicidad y convivencia.

   ⇨ **Fidelización:** Programas y promociones que incentivan el consumo repetido.

5. Fuentes de Ingresos

   ⇨ **Ventas de Bebidas:** Ingresos principalmente de la venta de concentrados y jarabes a embotelladores, y productos terminados a minoristas.

   ⇨ **Licencias:** Generación de ingresos a través de licencias de marca para productos relacionados.

6. Recursos Clave

    - ⇨ **Marca Fuerte:** Una de las marcas más valiosas y reconocidas a nivel mundial.
    - ⇨ **Fórmula Secreta:** Receta única y patentada que es un activo estratégico.
    - ⇨ **Red de Embotelladores:** Alianzas con embotelladores que producen y distribuyen los productos localmente.

7. Actividades Clave

    - ⇨ **Desarrollo de Productos:** Innovación constante en sabores y productos para satisfacer demandas cambiantes.
    - ⇨ **Marketing y Publicidad:** Inversión significativa en campañas globales y locales.
    - ⇨ **Gestión de la Cadena de Suministro:** Coordinación eficiente entre proveedores, embotelladores y distribuidores.

8. Socios Clave

    - ⇨ **Embotelladores Independientes:** Sociedades estratégicas que producen y distribuyen los productos en diferentes regiones.
    - ⇨ **Proveedores de Materias Primas:** Relaciones con proveedores de alta calidad para ingredientes clave.
    - ⇨ **Socios de Marketing:** Colaboraciones con agencias y medios para amplificar el alcance publicitario.

9. Estructura de Costos

    - ⇨ **Producción:** Costos asociados a la fabricación de concentrados y jarabes.
    - ⇨ **Marketing:** Gastos en publicidad y promoción a nivel global y local.
    - ⇨ **Operaciones:** Costos administrativos, investigación y desarrollo, y logística.

◆ Factores Clave de Éxito

◆ Aprendizajes del Caso de Estudio

- **Importancia de una Marca Fuerte:** Invertir en construir y mantener una marca sólida puede generar lealtad y reconocimiento duradero.
- **Eficiencia Operacional:** Colaborar con socios estratégicos puede optimizar las operaciones y ampliar el alcance del negocio.
- **Enfoque en el Cliente:** Adaptar productos y estrategias a las necesidades y deseos del cliente es esencial para el éxito sostenido.

Comprender los modelos de negocio clásicos y sus componentes clave es fundamental para cualquier emprendedor. Estos modelos proporcionan un marco para diseñar cómo una empresa puede crear, entregar y capturar valor de manera efectiva.

Al analizar ejemplos como The Coca-Cola Company, es posible extraer lecciones valiosas sobre cómo implementar y adaptar estos modelos para lograr el éxito en el mercado actual. Aunque los tiempos y las tecnologías cambian, los principios fundamentales de entender al cliente, ofrecer valor y operar eficientemente siguen siendo relevantes.

Como emprendedor, reflexionar sobre estos modelos y casos de estudio puede ayudarte a desarrollar un plan de negocios sólido y adaptable, preparado para enfrentar los desafíos y aprovechar las oportunidades del mercado.

RESUMEN

La estrategia empresarial es un plan integral que define cómo una organización alcanzará sus objetivos a largo plazo. En el emprendimiento, la estrategia proporciona dirección clara, ventaja competitiva, asignación eficiente de recursos y adaptabilidad a los cambios del mercado.

- Componentes clave de la estrategia empresarial:
  - **Análisis del entorno:** Entender los factores económicos, sociales, tecnológicos y competitivos.
  - **Objetivos a largo plazo:** Definir metas claras y medibles.
  - **Asignación de recursos:** Decidir cómo utilizar recursos disponibles.
  - **Planes de acción:** Establecer políticas y acciones específicas para ejecutar la estrategia.
- La estrategia se basa en tres pilares fundamentales:
  - **Visión:** Descripción del estado futuro deseado, inspiradora y orientada al largo plazo (ej. Microsoft, IKEA).
  - **Misión:** Propósito actual de la empresa, centrado en qué hace y para quién lo hace (ej. Google, Nike).
  - **Valores:** Principios fundamentales que guían el comportamiento y la cultura organizacional (ej. integridad, innovación, excelencia).
- Análisis del entorno:
  - **PESTEL:** Analiza factores macroambientales (Políticos, Económicos, Sociales, Tecnológicos, Ecológicos y Legales).
  - **Modelo de las Cinco Fuerzas de Porter:** Evalúa la competitividad de la industria (rivalidad entre competidores, amenaza de nuevos entrantes, poder de negociación de proveedores y clientes, amenaza de productos sustitutos).

◆ Modelos de Negocio Clásicos

Un modelo de negocio describe cómo una empresa crea, entrega y captura valor. Los componentes clave incluyen:

1. Propuesta de valor.
2. Segmentos de clientes.
3. Canales de distribución.
4. Relación con el cliente.
5. Fuentes de ingresos.
6. Recursos y actividades clave.
7. Socios clave.
8. Estructura de costos.

◆ Tipos de modelos de negocio tradicionales:

⇨ **Manufactura:** Empresas que producen bienes físicos a partir de materias primas (ej. Toyota).

⇨ **Distribución:** Intermediarios entre fabricantes y consumidores (ej. Ingram Micro).

⇨ **Retail (Venta al por menor):** Venden productos directamente al consumidor final (ej. Walmart).

⇨ **Servicios:** Ofrecen servicios intangibles (ej. Deloitte).

En resumen, la estrategia empresarial y los modelos de negocio clásicos son esenciales para construir una empresa sólida. Al comprender y aplicar estos conceptos, los emprendedores pueden tomar decisiones informadas, adaptarse a los cambios y competir eficazmente en el mercado.

UNIDAD

1.2. Nuevos Modelos de Negocio y su Impacto en los Modelos Clásicos

Contenido de la Unidad

ICB
EDITORES

1. La Evolución de los Modelos de Negocio

En el mundo empresarial contemporáneo, estamos siendo testigos de una transformación profunda en la forma en que las empresas operan y crean valor. Los modelos de negocio que alguna vez fueron exitosos están siendo desafiados por nuevas tendencias y tecnologías emergentes. Para entender esta evolución, es esencial examinar los factores de cambio que la impulsan, explorar los modelos emergentes que están redefiniendo industrias y analizar el impacto en los modelos clásicos y cómo las empresas pueden adaptarse.

1.1. Factores de Cambio globalización, internet, comportamiento del consumidor.

- Globalización

La globalización ha borrado fronteras y conectado mercados a nivel mundial, permitiendo que empresas compitan y colaboren en un escenario internacional.

Este fenómeno ha creado un entorno empresarial más complejo y dinámico, donde las empresas deben adaptarse rápidamente a cambios en regulaciones, preferencias culturales y condiciones económicas.

- Internet

La llegada de internet ha sido uno de los impulsores más significativos de la evolución de los modelos de negocio.

⇨ **Digitalización de la información:** La información está disponible en tiempo real, lo que ha transformado la comunicación, el marketing y las operaciones internas.

⇨ **Nuevos canales de venta y marketing:** El comercio electrónico y las redes sociales han abierto vías directas para llegar al consumidor.

⇨ **Economía digital:** Han surgido empresas que operan completamente en línea, reduciendo costos y aumentando la eficiencia.

Internet ha permitido la creación de modelos de negocio innovadores que aprovechan la conectividad global y la abundancia de datos para ofrecer productos y servicios personalizados.

- Comportamiento del Consumidor

Los consumidores han cambiado sus hábitos y expectativas, influenciados por la tecnología y la globalización.

⇨ **Mayor exigencia:** Buscan productos y servicios de alta calidad, personalizados y con entrega rápida.

⇨ **Consumo informado:** Tienen acceso a información detallada y opiniones de otros usuarios, lo que influye en sus decisiones de compra.

⇨ **Preferencia por la experiencia:** Valoran las experiencias y las relaciones con las marcas más que la posesión de bienes.

⇨ **Conciencia social y ambiental:** Prefieren empresas que sean responsables social y ambientalmente.

Las empresas deben entender y anticipar estos cambios en el comportamiento del consumidor para mantenerse relevantes y competitivas.

1.2. Modelos emergentes: plataformas, economía colaborativa, suscripción.

- Plataformas

Las plataformas digitales son modelos de negocio que crean valor al facilitar interacciones entre diferentes grupos de usuarios, como compradores y vendedores.

⇨ **Ejemplos:** Amazon, eBay, Uber, Airbnb.

⇨ Características:

- **Efecto de red:** El valor de la plataforma aumenta con cada nuevo usuario.
- **Escalabilidad:** Pueden crecer rápidamente con bajos costos marginales.
- **Intermediación:** Actúan como intermediarios facilitando transacciones y comunicaciones.

Las plataformas han revolucionado industrias enteras al cambiar cómo se ofrecen y consumen productos y servicios.

- Economía Colaborativa

La economía colaborativa se basa en compartir o intercambiar bienes y servicios a través de plataformas digitales, aprovechando recursos infrautilizados.

⇨ **Ejemplos:** BlaBlaCar, Couchsurfing, TaskRabbit.

⇨ Características:

- **Acceso sobre propiedad:** Los usuarios prefieren acceder a bienes o servicios en lugar de poseerlos.
- **Comunidad y confianza:** Se basa en la confianza entre usuarios, respaldada por sistemas de reputación.

- **Sostenibilidad:** Promueve un uso más eficiente de los recursos.

Este modelo desafía a las empresas tradicionales al ofrecer alternativas más flexibles y económicas.

- Modelos de Suscripción

Los modelos de suscripción proporcionan acceso continuo a un producto o servicio a cambio de un pago recurrente.

- **Ejemplos:** Netflix, Spotify, Adobe Creative Cloud.
- Características:
  - **Ingresos recurrentes:** Generan flujos de ingresos predecibles.
  - **Fidelización del cliente:** Fomentan relaciones a largo plazo.
  - **Actualizaciones y mejoras continuas:** Permiten a las empresas actualizar productos y servicios de manera regular.

Este modelo ha cambiado la forma en que los consumidores acceden a productos y servicios, priorizando el uso sobre la propiedad.

1.3. Impacto en los Modelos Clásicos y Cómo Adaptarse

- Desafíos para los Modelos Clásicos

Los modelos emergentes han puesto en jaque a las empresas tradicionales que operan bajo modelos clásicos.

- **Pérdida de cuota de mercado:** Las empresas tradicionales pueden perder clientes frente a competidores más ágiles y digitales.
- **Obsolescencia tecnológica:** La falta de adaptación tecnológica puede dejar a las empresas rezagadas.
- **Expectativas cambiantes:** Los clientes esperan experiencias digitales integradas y personalizadas.

- Cómo Adaptarse

Para sobrevivir y prosperar en este nuevo entorno, las empresas clásicas deben transformarse y adoptar nuevas estrategias.

1. Transformación Digital

   ⇨ **Integración de tecnologías:** Implementar sistemas digitales en operaciones, marketing y servicio al cliente.

   ⇨ **Análisis de datos:** Utilizar big data y analítica para entender mejor al cliente y optimizar procesos.

   ⇨ **Automatización:** Mejorar la eficiencia operativa mediante la automatización de tareas rutinarias.

2. Innovación en el Modelo de Negocio

   ⇨ **Híbridos de modelo:** Combinar elementos de modelos clásicos con emergentes, como ofrecer ventas en línea y en tienda física.

   ⇨ **Diversificación de ingresos:** Explorar nuevas fuentes de ingresos, como servicios complementarios o modelos de suscripción.

   ⇨ **Colaboración con startups:** Asociarse con empresas innovadoras para aprovechar su agilidad y creatividad.

3. Enfoque en el Cliente

   ⇨ **Experiencia Omnicanal:** Proporcionar una experiencia consistente y fluida a través de todos los puntos de contacto.

   ⇨ **Personalización:** Adaptar productos y servicios a las preferencias individuales del cliente.

   ⇨ **Engagement y fidelización:** Crear programas y estrategias que fortalezcan la relación con el cliente.

4. Desarrollo de una Cultura Ágil

   ⇨ **Flexibilidad organizacional:** Fomentar estructuras más planas y procesos de decisión rápidos.

   ⇨ **Formación y desarrollo:** Capacitar al personal en habilidades digitales y fomentar la innovación.

   ⇨ **Mentalidad de mejora continua:** Adoptar metodologías como Lean o Agile para mejorar continuamente productos y procesos.

1.4. Ejercicio práctico: Comparación entre un modelo clásico y uno emergente.

1. **Caso 1:** Nike

   ⇨ **Desafío:** Competencia creciente de marcas emergentes y cambios en el comportamiento del consumidor.

   ⇨ Estrategia:

   - Lanzamiento de plataformas digitales propias para venta directa al consumidor.
   - Inversión en tecnologías como realidad aumentada y aplicaciones móviles para mejorar la experiencia del cliente.
   - Personalización de productos a través de Nike By You.

   ⇨ **Resultado:** Aumento en las ventas directas y fortalecimiento de la relación con los clientes.

2. **Caso 2:** Barnes & Noble

   ⇨ **Desafío:** Disminución de ventas en tiendas físicas debido al auge de Amazon y los libros electrónicos.

   ⇨ Estrategia:

   - Desarrollo del lector electrónico Nook para competir en el mercado digital.
   - Creación de espacios en tiendas para eventos y experiencias que no pueden replicarse en línea.

   ⇨ **Resultado:** Aunque enfrentó dificultades, estos esfuerzos ayudaron a mantener una presencia en el mercado.

♦ Conclusión

La evolución de los modelos de negocio es inevitable en un mundo en constante cambio. Los factores como la globalización, internet y las nuevas tendencias de consumo han impulsado la aparición de modelos emergentes que desafían el status quo.

Para los emprendedores y empresas existentes, es crucial:

Entender el entorno
Estar al tanto de las tendencias y cambios en el mercado.

Ser proactivos:
No esperar a que la disrupción afecte al negocio, sino anticiparse y liderar el cambio.

Poner al cliente en el centro:
Adaptar ofertas y experiencias para satisfacer las necesidades y expectativas del cliente moderno.

Fomentar la innovación: Crear una cultura que valore y promueva nuevas ideas y enfoques.

Al adoptar estas estrategias, las empresas pueden no solo sobrevivir a la evolución de los modelos de negocio, sino también prosperar y liderar en sus respectivas industrias.

La adaptación no es opcional; es una necesidad para la supervivencia empresarial. Las empresas que reconocen y responden eficazmente a estos cambios tienen la oportunidad de redefinir sus industrias y establecer nuevas normas para el éxito. Como emprendedor, debes preguntarte:

- ¿Cómo está cambiando mi industria y qué oportunidades presenta?
- ¿Estoy dispuesto a cuestionar y reinventar mi modelo de negocio?
- ¿Cómo puedo aprovechar la tecnología y las tendencias actuales para ofrecer más valor a mis clientes?

La clave está en mantenerse flexible, curioso y comprometido con la mejora continua. El futuro pertenece a quienes están dispuestos a evolucionar.

Comparación entre un Modelo de Negocio Clásico y uno Emergente: Walmart vs. Amazon

- Propuesta de Valor

  - **Walmart (Modelo Clásico):** Walmart ofrece una amplia gama de productos físicos a precios bajos a través de tiendas físicas. Su enfoque ha sido ser el minorista de "bajos precios todos los días", proporcionando a los consumidores productos de calidad a precios asequibles, con énfasis en conveniencia y variedad.

  - **Amazon (Modelo Emergente):** Amazon ofrece una plataforma digital donde los consumidores pueden comprar prácticamente cualquier cosa, desde libros hasta electrónicos y ropa. Su propuesta de valor se basa en la comodidad de realizar compras en línea, una experiencia sin fricciones, entregas rápidas (a menudo en el mismo día), y una selección de productos mucho más amplia que cualquier tienda física podría albergar.

- Segmentos de Clientes

  - **Walmart:** Tradicionalmente se enfoca en consumidores de ingresos medios y bajos, especialmente en áreas suburbanas y rurales, que buscan productos de consumo diario a precios bajos. Su modelo de negocio ha atraído a familias y personas que prefieren realizar sus compras físicamente, aprovechando su proximidad a las tiendas y las opciones de "todo en uno".

  - **Amazon:** Amazon se dirige a un público global que busca comodidad, rapidez y una experiencia de compra sin necesidad de salir de casa. Su base de clientes incluye desde individuos de alto poder adquisitivo hasta consumidores de ingresos medios que valoran la entrega rápida, las recomendaciones personalizadas y la amplia oferta de productos.

- Canales de Distribución

  - **Walmart:** Su canal principal es su red de tiendas físicas. También cuenta con una presencia en línea, pero su fortaleza radica en la distribución física masiva a través de sus miles de tiendas alrededor del mundo. Los clientes van a la tienda, eligen los productos y los compran directamente.

- **Amazon:** Opera principalmente a través de su plataforma digital (amazon.com), que permite a los clientes hacer pedidos desde cualquier lugar del mundo. Utiliza una red avanzada de centros de distribución y logística para enviar productos directamente al domicilio del cliente. En muchos mercados, ofrece entregas el mismo día o al día siguiente con su servicio Amazon Prime.

- Relación con el Cliente
  - **Walmart:** La relación con el cliente se basa en la experiencia física de compra. Los clientes pueden interactuar con el personal de la tienda, recibir asistencia personal y ver los productos antes de comprarlos. Sin embargo, las relaciones son en gran parte transaccionales, sin una interacción prolongada después de la compra.
  - **Amazon:** La relación con el cliente está muy digitalizada y personalizada. A través del análisis de datos, Amazon ofrece recomendaciones personalizadas basadas en el historial de compras y preferencias del usuario. Además, el servicio Amazon Prime fortalece la lealtad del cliente mediante la entrega rápida y acceso a contenido adicional como películas, música y libros.

- Fuentes de Ingresos
  - **Walmart:** Genera ingresos principalmente a través de las ventas directas de productos en sus tiendas físicas y en línea. También obtiene ingresos de su división de comercio electrónico, aunque en menor medida. Su estructura de ingresos se basa en el alto volumen de ventas y márgenes bajos.
  - **Amazon:** Además de las ventas directas de productos en su plataforma, Amazon obtiene ingresos de varias fuentes:
    - Suscripciones a Amazon Prime.
    - Amazon Web Services (AWS), su división de servicios en la nube, que es una de las más rentables.
    - **Publicidad digital:** Amazon permite a los vendedores publicitar sus productos dentro de su plataforma.

- **Comisiones:** De vendedores terceros que utilizan su plataforma para vender sus productos.

- Tecnología
  - **Walmart:** Ha comenzado a integrar la tecnología en sus operaciones a través de su tienda en línea y herramientas para la gestión de inventarios, pero sigue teniendo una fuerte dependencia en la operación física. En los últimos años ha incrementado su inversión en la automatización de tiendas y la mejora de su presencia digital.
  - **Amazon:** Amazon está a la vanguardia en el uso de la tecnología, especialmente en áreas como inteligencia artificial, robótica en sus centros de distribución, big data y algoritmos de recomendación. Utiliza el análisis de datos no solo para mejorar la experiencia del cliente, sino también para optimizar su cadena de suministro y logística.

Análisis Comparativo:

- Ventajas del Modelo Clásico (Walmart):
  - **Presencia Física:** Las tiendas físicas de Walmart permiten a los clientes ver y tocar los productos antes de comprarlos, algo que Amazon no ofrece en la misma medida (aunque ha empezado a explorar tiendas físicas con Amazon Go).
  - **Confianza:** Los clientes que prefieren compras inmediatas, sin esperar a la entrega, pueden beneficiarse de la proximidad de las tiendas.
  - **Control Logístico Local:** Con tiendas en casi todas las ciudades de EE. UU., Walmart puede ofrecer una disponibilidad inmediata de productos en muchos lugares.
- Desventajas del Modelo Clásico:
  - **Limitación geográfica:** La red de tiendas físicas tiene un alcance limitado en comparación con la capacidad global de Amazon.
  - **Costos operativos altos:** Mantener miles de tiendas físicas implica costos operativos (alquiler, personal, electricidad) mucho mayores que un modelo digital.

- Ventajas del Modelo Emergente (Amazon):
  - **Escalabilidad:** Amazon puede servir a una base de clientes global sin necesidad de la infraestructura física masiva que tiene Walmart.
  - **Comodidad:** Los consumidores pueden comprar desde la comodidad de su hogar y recibir sus productos de manera rápida, a menudo sin cargos adicionales por envío con Prime.
  - **Tecnología avanzada:** Amazon utiliza la inteligencia artificial para personalizar la experiencia del cliente, optimizar su cadena de suministro y desarrollar nuevos productos y servicios.
- Desventajas del Modelo Emergente:
  - **Falta de interacción física:** Algunos clientes valoran la experiencia de ir a una tienda física, algo que Amazon solo ha comenzado a explorar con sus iniciativas de tiendas físicas.
  - **Dependencia de la infraestructura de entrega:** Aunque Amazon ha optimizado la logística, sigue enfrentando problemas logísticos como demoras en la entrega en ciertos momentos de alta demanda.
- Conclusión:
  - **Modelo Más Competitivo y Sostenible:** En el entorno actual, el modelo emergente de Amazon parece tener una ventaja sobre el modelo clásico de Walmart. La capacidad de Amazon para llegar a consumidores globales, operar sin las limitaciones de una infraestructura física masiva y su uso intensivo de la tecnología le otorgan una posición privilegiada en la economía digital.
  - **Adaptabilidad del Modelo Clásico:** Sin embargo, Walmart ha estado trabajando en la integración de su operación en línea con sus tiendas físicas, creando una experiencia omnicanal que permite a los consumidores comprar en línea y recoger en la tienda, lo que le da una ventaja sobre Amazon en áreas rurales o donde la entrega no es tan rápida.

2. Innovación en Modelos de Negocio

La innovación es un elemento clave para la supervivencia y el éxito de las empresas en un entorno competitivo y en constante cambio. Innovar no solo se refiere a crear nuevos productos o servicios, sino también a replantear la forma en que una empresa opera y genera valor.

A continuación, exploraremos el Canvas de modelo de negocio como una herramienta eficaz para diseñar modelos innovadores y analizaremos casos de estudio de startups que han revolucionado sus respectivas industrias.

2.1. Canvas de Modelo de Negocio: Herramienta para Diseñar Modelos Innovadores

El Business Model Canvas (Canvas de modelo de negocio) es una herramienta visual creada por Alexander Osterwalder que permite a los emprendedores y empresarios diseñar, describir y modificar sus modelos de negocio de manera sencilla. Este enfoque permite ver de manera clara cómo una empresa crea, entrega y captura valor. Es especialmente útil para diseñar modelos innovadores, ya que facilita la experimentación y el ajuste de ideas antes de implementarlas.

- Componentes del Business Model Canvas

  El Canvas se divide en nueve bloques que cubren las áreas clave del modelo de negocio. Estos bloques se pueden ajustar para innovar y optimizar diferentes aspectos de la empresa:

1. Propuesta de Valor:

   - Define el conjunto de productos o servicios que crean valor para un segmento de clientes específico.
   - Se trata de resolver un problema o satisfacer una necesidad de una manera única, destacándose de la competencia.
   - **Ejemplo:** Tesla ofrece vehículos eléctricos de alta tecnología que combinan sostenibilidad, innovación y rendimiento.

2. Segmentos de Clientes:

⇨ Identifica los diferentes grupos de personas u organizaciones que la empresa intenta alcanzar y servir.

⇨ Se puede innovar creando propuestas de valor dirigidas a nuevos segmentos de clientes o al segmentar mejor los ya existentes.

⇨ **Ejemplo:** Netflix segmenta a sus clientes en función de sus hábitos de visualización para ofrecer recomendaciones personalizadas.

3. Canales:

⇨ Explica cómo la empresa llega a sus clientes para entregarles su propuesta de valor.

⇨ La innovación en este bloque puede provenir de la integración de nuevos canales (por ejemplo, digital y físico) o la creación de nuevos métodos de entrega de productos o servicios.

⇨ **Ejemplo:** Amazon combina su plataforma digital con entregas rápidas a domicilio y puntos de recogida físicos.

4. Relación con el Cliente:

⇨ Describe el tipo de relación que la empresa establece con cada segmento de clientes.

⇨ Aquí, la innovación puede surgir mediante la automatización de interacciones, la personalización o la creación de comunidades de clientes leales.

⇨ **Ejemplo:** Apple ha creado una fuerte relación emocional con sus clientes, basada en experiencias de usuario premium y exclusividad.

5. Fuentes de Ingresos:

⇨ Indica cómo la empresa gana dinero con cada segmento de clientes.

⇨ La innovación en este bloque puede involucrar la implementación de modelos de suscripción, precios dinámicos o servicios freemium.

⇨ **Ejemplo:** Spotify ofrece un modelo freemium donde los usuarios pueden acceder a una versión gratuita con anuncios o pagar una suscripción para una experiencia sin interrupciones.

6. Recursos Clave:

⇨ Son los activos más importantes que una empresa necesita para operar.

⇨ Pueden incluir tecnología, personal especializado, infraestructura, patentes o redes de socios.

⇨ **Ejemplo:** Para Uber, su red global de conductores y la plataforma tecnológica son sus recursos clave.

7. Actividades Clave:

⇨ Son las tareas y procesos fundamentales que la empresa debe realizar para crear y entregar su propuesta de valor.

⇨ La innovación en este bloque puede estar en la eficiencia operativa o en la adopción de nuevas tecnologías para mejorar procesos.

⇨ **Ejemplo:** Zara ha optimizado sus actividades clave de diseño y producción, permitiendo lanzar nuevas colecciones rápidamente.

8. Socios Clave:

⇨ Son las alianzas estratégicas que ayudan a la empresa a optimizar sus operaciones, reducir riesgos o acceder a nuevos mercados.

⇨ La innovación aquí puede estar en la creación de ecosistemas empresariales o en alianzas con startups tecnológicas.

⇨ **Ejemplo:** Nike ha colaborado con Apple para integrar tecnologías de monitoreo deportivo en sus productos.

9. Estructura de Costos:

⇨ Describe los costos más importantes para operar el modelo de negocio.

⇨ La innovación en este bloque puede incluir la reducción de costos a través de la automatización o la subcontratación de ciertas actividades.

⇨ **Ejemplo:** Ryanair ha basado su modelo de negocio en la reducción extrema de costos, ofreciendo vuelos a precios bajos al eliminar servicios no esenciales.

♦ Uso del Canvas para Innovar.

El Business Model Canvas no solo permite diseñar modelos de negocio desde cero, sino también revisar y modificar modelos existentes. A través de la experimentación, los emprendedores pueden probar nuevas ideas y ajustar sus modelos según las necesidades del mercado, lo que facilita la innovación continua.

⇨ Proceso de Innovación:

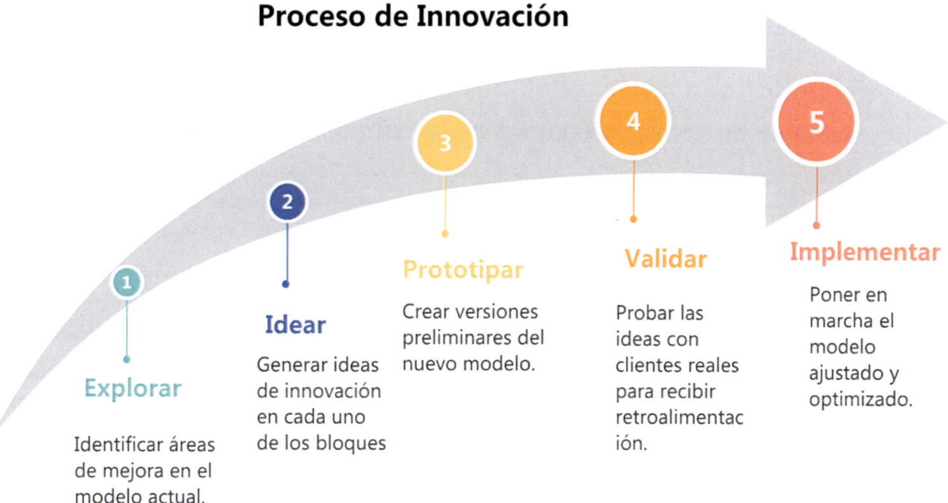

2.2. Caso de Estudio: Startups que han Revolucionado su Industria

Algunas startups han utilizado modelos de negocio innovadores para transformar por completo sus sectores, desafiando a los actores tradicionales y creando nuevos estándares.

A continuación, exploramos dos ejemplos emblemáticos:

♦ **Caso 1:** Airbnb - La Revolución del Alojamiento

Descripción: Airbnb es una plataforma digital que permite a los propietarios de viviendas alquilar sus espacios a corto plazo a viajeros de todo el mundo. Lanzada en 2008, Airbnb ha transformado la industria hotelera, ofreciendo una alternativa flexible y más asequible que los hoteles tradicionales.

Modelo de Negocio (Canvas):

⇨ **Propuesta de Valor:** Proporcionar alojamiento único y local, con precios competitivos, en cualquier parte del mundo.

⇨ **Segmentos de Clientes:** Viajeros que buscan experiencias más personales y económicas; propietarios que desean monetizar sus viviendas.

⇨ **Canales:** Plataforma digital, aplicación móvil.

⇨ **Relación con el Cliente:** Autoservicio a través de la plataforma, sistemas de confianza basados en reseñas.

⇨ **Fuentes de Ingresos:** Comisiones cobradas tanto a los anfitriones como a los huéspedes por cada reserva.

⇨ **Recursos Clave:** Plataforma tecnológica, red global de anfitriones y viajeros.

⇨ **Actividades Clave:** Gestión de la plataforma, marketing, soporte al cliente.

⇨ **Socios Clave:** Procesadores de pago, gobiernos locales para cumplir con regulaciones.

⇨ **Estructura de Costos:** Desarrollo de software, costos operativos y de soporte.

Innovación: Airbnb cambió radicalmente la forma en que las personas reservan alojamiento al eliminar la necesidad de intermediarios como agencias de viajes u hoteles, conectando directamente a propietarios con viajeros a través de una plataforma digital. Su enfoque disruptivo no solo creó una nueva categoría en el mercado, sino que también fomentó la creación de comunidades globales basadas en la confianza.

♦ **Caso 2:** Tesla - Innovación en la Industria Automotriz

Descripción: Tesla es una empresa de automóviles eléctricos que ha revolucionado la industria automotriz al enfocarse en la sostenibilidad, la innovación tecnológica y la venta directa al consumidor. Fundada en 2003, Tesla ha redefinido cómo se fabrican, venden y utilizan los automóviles.

Modelo de Negocio (Canvas):

⇨ **Propuesta de Valor:** Vehículos eléctricos de alto rendimiento que combinan tecnología avanzada, sostenibilidad y diseño innovador.

⇨ **Segmentos de Clientes:** Consumidores interesados en la tecnología, el medio ambiente y el lujo.

⇨ **Canales:** Venta directa a través de tiendas propias y en línea, sin intermediarios.

⇨ **Relación con el Cliente:** Experiencia de cliente personalizada, basada en servicios postventa y actualizaciones de software continuas.

⇨ **Fuentes de Ingresos:** Venta de vehículos eléctricos, energía solar y sistemas de almacenamiento de energía.

⇨ **Recursos Clave:** Tecnología patentada, capacidad de producción, red de estaciones de carga, fábricas de baterías (Gigafactories).

⇨ **Actividades Clave:** Investigación y desarrollo, manufactura, marketing, servicio al cliente.

⇨ **Socios Clave:** Proveedores de baterías, gobiernos locales que apoyan políticas de energía limpia.

⇨ **Estructura de Costos:** Fabricación de vehículos, investigación y desarrollo, operación de tiendas.

Innovación: Tesla no solo innovó al introducir vehículos eléctricos al mercado masivo, sino que también rediseñó el modelo de distribución tradicional, eliminando concesionarios y vendiendo directamente a los clientes. Además, Tesla ha impulsado una cultura de innovación continua, con actualizaciones de software que mejoran las capacidades de los vehículos, algo inédito en la industria automotriz.

El Canvas de modelo de negocio es una herramienta poderosa para diseñar y replantear modelos de negocio innovadores, permitiendo a los emprendedores visualizar todos los aspectos de su negocio y experimentar con nuevas ideas. Los casos de startups como Airbnb y Tesla demuestran cómo la innovación en los modelos de negocio puede transformar industrias enteras, desde el alojamiento hasta la automoción.

El futuro pertenece a las empresas que están dispuestas a replantear las reglas del juego, aprovechando las oportunidades que brindan la tecnología y las nuevas formas de entender el valor. Como emprendedores, utilizar el Canvas y aprender de estas historias de éxito puede ayudarte a desarrollar un modelo de negocio que no solo sobreviva, sino que lidere en un mercado competitivo y en constante evolución.

Resumen

En la actualidad, los modelos de negocio están en constante evolución debido a factores como la globalización, el internet y los cambios en el comportamiento del consumidor. La globalización ha permitido a las empresas expandirse internacionalmente y competir a escala global, mientras que internet ha facilitado la digitalización de la información y la creación de nuevas formas de operar, como el comercio electrónico y las plataformas digitales. Además, el comportamiento de los consumidores ha cambiado, con una mayor preferencia por la personalización, la rapidez y la responsabilidad social.

Entre los modelos emergentes destacan las plataformas digitales, que facilitan interacciones entre diferentes grupos de usuarios, la economía colaborativa, que se basa en compartir recursos, y los modelos de suscripción, que ofrecen acceso recurrente a productos o servicios a cambio de un pago mensual. Estos modelos están afectando profundamente a los modelos de negocio clásicos, obligando a las empresas tradicionales a adaptarse para sobrevivir en un entorno cada vez más digital.

Para adaptarse, las empresas tradicionales deben abordar su transformación digital, innovar sus modelos de negocio mediante híbridos entre lo tradicional y lo emergente, y centrarse en la experiencia del cliente. La innovación es crucial para la supervivencia, y el Canvas de modelo de negocio es una herramienta visual que permite a las empresas diseñar, modificar y mejorar sus modelos. El análisis de startups como Airbnb y Tesla muestra cómo la innovación puede transformar industrias enteras.

ICB
EDITORES

UNIDAD

1.3. Cambios en el Modelo Propiciados por la Digitalización y Nuevas Tecnologías

Contenido de la Unidad

ICB
EDITORES

1. En la Forma de Generar Ingresos

La digitalización y las nuevas tecnologías han transformado drásticamente cómo las empresas generan ingresos. En un mundo cada vez más conectado, los modelos de negocio tradicionales han evolucionado, y han surgido nuevas formas de monetización que se adaptan mejor a las expectativas de los consumidores digitales. En este módulo, analizaremos los cambios en la forma de generar ingresos, explorando la monetización digital, los modelos freemium y de suscripción, y el caso de Netflix, un ejemplo claro de cómo las empresas han transformado su enfoque para adaptarse al consumo digital.

1.1. Monetización Digital: Publicidad en Línea, E-Commerce y Microtransacciones

La digitalización ha abierto un abanico de posibilidades para que las empresas generen ingresos. A continuación, exploramos tres formas claves de monetización digital.

1. Publicidad en Línea

   La publicidad en línea es una de las formas más comunes de monetización en la era digital. Consiste en mostrar anuncios a los usuarios mientras navegan por internet, utilizan aplicaciones o interactúan en redes sociales.

   ⇨ Ventajas:

   - **Segmentación precisa:** La publicidad digital permite llegar a audiencias específicas basadas en intereses, comportamientos y demografía.
   - **Bajo costo:** Comparado con la publicidad tradicional, la publicidad en línea puede ser más económica, especialmente en términos de medición del retorno sobre la inversión (ROI).
   - **Escalabilidad:** Las plataformas digitales permiten que la publicidad llegue a audiencias globales con facilidad.

   ⇨ Ejemplos:

   - **Google Ads:** Utiliza el historial de búsquedas para mostrar anuncios relevantes.

- **Facebook Ads:** Se basa en los intereses y comportamientos de los usuarios para segmentar la audiencia.

Para empresas que basan su modelo de negocio en plataformas de contenido (como blogs, periódicos en línea y redes sociales), la publicidad en línea es una fuente primaria de ingresos. Este modelo es particularmente efectivo para compañías que ofrecen contenido gratuito a los usuarios y monetizan a través de los anunciantes.

2. E-Commerce (Comercio Electrónico)

El comercio electrónico ha revolucionado la forma en que las empresas venden productos y servicios. Las plataformas de e-commerce permiten que las empresas lleguen a clientes de todo el mundo, sin las limitaciones geográficas de las tiendas físicas.

⇨ Ventajas:

- **Alcance global:** Los negocios en línea pueden vender productos y servicios en cualquier parte del mundo, las 24 horas del día.
- **Reducción de costos:** No se requiere una infraestructura física costosa, lo que permite a las empresas operar con márgenes más bajos.
- **Personalización:** Utilizando el análisis de datos, las empresas pueden ofrecer recomendaciones personalizadas y mejorar la experiencia de compra del cliente.

⇨ Ejemplos:

- **Amazon:** El gigante del e-commerce ha transformado el comercio al ofrecer una amplia gama de productos y entrega rápida.
- **Alibaba:** Plataforma líder en el comercio electrónico en Asia, que conecta a compradores y vendedores a nivel internacional.

El e-commerce es una de las fuentes de ingresos más poderosas para las empresas en la era digital, ya que facilita las transacciones a escala global y ofrece una experiencia optimizada para los clientes.

3. Microtransacciones

Las microtransacciones son pequeñas compras dentro de plataformas digitales o aplicaciones, particularmente populares en el mundo de los videojuegos y aplicaciones móviles. Estas transacciones permiten a los usuarios comprar bienes virtuales, funcionalidades adicionales o mejoras dentro de una aplicación.

⇨ Ventajas:

- **Ingresos recurrentes:** Aunque las microtransacciones son de bajo costo, generan ingresos continuos debido al gran volumen de usuarios.
- **Accesibilidad:** Al ofrecer una opción de compra barata, los usuarios son más propensos a realizar pequeñas adquisiciones de forma regular.

⇨ Ejemplos:

- **Fortnite:** Los jugadores pueden comprar trajes, bailes y otras características dentro del juego.
- **Candy Crush:** Ofrece la posibilidad de comprar vidas adicionales y potenciadores dentro del juego para continuar jugando.

Las microtransacciones son una parte clave de la monetización digital en el ámbito de los videojuegos y las aplicaciones móviles, donde los productos se ofrecen de forma gratuita, pero los ingresos provienen de compras dentro de la plataforma.

1.2. Modelos Freemium y de Suscripción

Los modelos freemium y de suscripción son estrategias populares en la era digital que permiten a las empresas crear relaciones duraderas con sus clientes y generar ingresos recurrentes.

1. Modelo Freemium

El modelo freemium combina dos enfoques: ofrece una versión básica gratuita del producto o servicio para todos los usuarios, pero reserva funciones premium o avanzadas para aquellos que estén dispuestos a pagar.

⇨ Ventajas:

- **Gran base de usuarios:** Al ofrecer algo de manera gratuita, las empresas pueden atraer a un gran número de usuarios.

- **Conversión gradual:** El modelo incentiva a los usuarios a probar la plataforma antes de pagar por servicios adicionales o mejores funciones.

⇨ Ejemplos:

- **Spotify:** Ofrece música gratuita con anuncios, mientras que los usuarios pueden suscribirse a la versión premium para disfrutar de la música sin interrupciones publicitarias.

- **Dropbox:** Proporciona almacenamiento en la nube gratuito hasta un límite, pero cobra por más espacio y funciones avanzadas.

El modelo freemium se adapta bien a productos digitales que pueden ofrecer valor inicial gratuito mientras que los usuarios más comprometidos optan por pagar por beneficios adicionales.

2. Modelo de Suscripción

En el modelo de suscripción, los usuarios pagan una tarifa recurrente (mensual o anual) para acceder a un servicio o producto de manera continua. Este modelo ofrece beneficios tanto para las empresas como para los consumidores.

⇨ Ventajas:

- **Ingresos recurrentes y predecibles:** Las suscripciones aseguran una fuente constante de ingresos, lo que permite una mejor planificación financiera.

- **Fidelización del cliente:** Al mantener a los clientes activos, las empresas tienen más oportunidades para mejorar la experiencia y aumentar la retención.

⇨ Ejemplos:

- **Netflix:** Proporciona acceso ilimitado a contenido de video mediante una suscripción mensual.
- **Adobe Creative Cloud:** Ofrece suscripciones a su suite de software creativo en lugar de vender licencias de por vida.

El modelo de suscripción ha demostrado ser exitoso en industrias como el entretenimiento, la tecnología y el software, proporcionando a las empresas ingresos regulares y previsibles.

1.3. Ejemplo Real: Netflix y la transformación del consumo de contenido

Netflix es un ejemplo claro de cómo la digitalización y las nuevas tecnologías han transformado la forma en que las empresas generan ingresos. Fundada en 1997 como un servicio de alquiler de DVDs por correo, Netflix ha evolucionado hasta convertirse en el líder mundial del streaming de video bajo demanda.

⇨ **Inicios en el alquiler de DVDs:** Originalmente, Netflix generaba ingresos cobrando tarifas mensuales por enviar DVDs a los suscriptores, que luego los devolvían por correo. En ese momento, competía directamente con cadenas de alquiler de video como Blockbuster.

⇨ **Transición al streaming:** Con la llegada de la banda ancha y la mejora en las velocidades de internet, Netflix adoptó el modelo de suscripción de streaming en 2007, permitiendo a los usuarios acceder a una biblioteca de contenido audiovisual a través de su plataforma en línea. Esta transición marcó un cambio importante en la industria del entretenimiento, eliminando la necesidad de formatos físicos.

♦ Modelo de Suscripción y Personalización

⇨ **Modelo de suscripción:** Netflix implementó un modelo de suscripción mensual, proporcionando acceso ilimitado a su catálogo de películas, series y documentales. Esta oferta, combinada con su constante expansión internacional, le permitió escalar rápidamente y generar ingresos recurrentes de una base de clientes leal.

- ⇨ **Uso de datos y personalización:** Uno de los factores clave del éxito de Netflix ha sido su capacidad para utilizar los datos de visualización de los usuarios para ofrecer recomendaciones personalizadas. Al analizar el comportamiento de los usuarios, Netflix puede sugerir contenido que se adapte a los gustos de cada cliente, aumentando la retención de suscriptores y mejorando la experiencia del usuario.

♦ Producción de Contenido Propio

- ⇨ En 2013, Netflix dio otro paso significativo al comenzar a producir contenido original. Series como House of Cards y Stranger Things marcaron el inicio de una estrategia que ha diferenciado a la empresa de sus competidores. La creación de contenido exclusivo no solo le dio un control total sobre los derechos de transmisión, sino que también le permitió atraer y retener a una audiencia masiva.

♦ Evolución de la Estrategia de Precios

- ⇨ **Subidas de precios:** Con el tiempo, Netflix ha ajustado sus precios a medida que aumenta su oferta de contenido. Sin embargo, el valor percibido por los consumidores ha mantenido baja la tasa de cancelación, lo que demuestra la eficacia de su modelo.

- ⇨ **Diversificación en niveles de suscripción:** Netflix ofrece diferentes niveles de suscripción que varían en precio según la calidad del video (SD, HD, 4K) y la cantidad de dispositivos que pueden transmitir contenido simultáneamente, lo que permite captar a una mayor variedad de consumidores.

La digitalización ha generado una transformación profunda en la manera en que las empresas generan ingresos. Los modelos tradicionales basados en la venta de productos físicos han evolucionado hacia estrategias más complejas, como la publicidad en línea, el e-commerce, las microtransacciones, los modelos freemium y los de suscripción. Empresas como Netflix han liderado este cambio, innovando continuamente para adaptarse a las nuevas demandas de los consumidores y aprovechando al máximo las oportunidades que ofrece la tecnología.

Para los emprendedores y empresarios, entender estas nuevas formas de monetización es fundamental para diseñar modelos de negocio rentables en el entorno digital actual. El éxito dependerá de la capacidad para adaptarse y aprovechar las oportunidades que brindan estas tecnologías disruptivas.

2. En la Relación con el Cliente

La relación con el cliente ha evolucionado drásticamente en la era digital. Hoy en día, los consumidores no solo esperan productos de calidad, sino que también buscan experiencias personalizadas, interacciones fluidas y un servicio excepcional. Las empresas que se adaptan a estas expectativas pueden generar una mayor fidelidad, retención y, en última instancia, un crecimiento sostenido.

Este apartado examina cómo ha cambiado la relación con el cliente gracias a la digitalización, el uso de CRM (Customer Relationship Management) y el marketing digital, la importancia de las redes sociales y comunidades en línea, y un caso de estudio que ilustra cómo una marca líder ha utilizado estrategias de engagement exitosas.

2.1. Experiencia del cliente en la era digital

La experiencia del cliente (Customer Experience, o CX) en la era digital va más allá de la interacción puntual entre el cliente y la empresa. Ahora abarca todos los puntos de contacto, desde el descubrimiento inicial de la marca hasta el soporte postventa. La digitalización ha permitido a las empresas recopilar y analizar grandes cantidades de datos para entender mejor las expectativas de sus clientes y ofrecer una experiencia más coherente y personalizada.

Características Clave de la Experiencia del Cliente en la Era Digital:

1. Personalización:

   - ⇨ Los clientes esperan que las marcas les ofrezcan productos y servicios que se adapten a sus preferencias y necesidades específicas. La personalización puede incluir recomendaciones de productos basadas en el historial de compras o el comportamiento de navegación del cliente.

2. Interacciones Omnicanal:

   ⇨ **Los consumidores interactúan con las marcas a través de diversos canales:** sitios web, redes sociales, aplicaciones móviles, correo electrónico, y tiendas físicas. Ofrecer una experiencia omnicanal coherente significa que el cliente pueda moverse de un canal a otro sin perder información o coherencia en la interacción.

3. Experiencia Inmediata:

   ⇨ En la era digital, los clientes esperan respuestas rápidas y soluciones inmediatas. Esto incluye tiempos de respuesta cortos en atención al cliente, entregas rápidas, y la posibilidad de resolver problemas a través de canales en línea.

4. Autoservicio y Soporte Proactivo:

   ⇨ Los clientes valoran la autonomía. Las empresas digitales exitosas suelen ofrecer opciones de autoservicio, como chatbots, FAQ y bases de conocimiento. Además, el soporte proactivo, que resuelve problemas antes de que el cliente los experimente, mejora significativamente la percepción del servicio.

2.2. CRM y Marketing Digital: Personalización y Automatización

El Customer Relationship Management (CRM) y el marketing digital son dos pilares esenciales para gestionar las relaciones con los clientes en el entorno digital. A través de estas herramientas, las empresas pueden construir estrategias de personalización y automatización que mejoren la experiencia del cliente y aumenten la eficiencia operativa.

1. **CRM:** Gestión de Relaciones con el Cliente

   El CRM es un sistema que permite a las empresas gestionar las interacciones con los clientes actuales y potenciales, centralizando toda la información en una plataforma accesible para diferentes equipos (ventas, marketing, atención al cliente).

Ejemplos de CRM: Salesforce, HubSpot, Zoho CRM.

2. **Marketing Digital:** Personalización y Automatización

El marketing digital utiliza herramientas tecnológicas para llegar a los consumidores a través de canales digitales (correo electrónico, redes sociales, motores de búsqueda).

La personalización y la automatización son dos de sus aspectos más poderosos.

⇨ Personalización:

- Las herramientas de marketing digital permiten crear campañas dirigidas específicamente a grupos de clientes con base en sus intereses, historial de compras o comportamiento en línea.
- Por ejemplo, el correo electrónico personalizado puede incluir recomendaciones de productos basadas en lo que el cliente ha comprado o visitado recientemente en el sitio web.

- ⇨ Automatización:
  - ➤ La automatización del marketing permite a las empresas ejecutar campañas de forma más eficiente, enviando el mensaje adecuado en el momento oportuno. Esto puede incluir correos automáticos de bienvenida, recordatorios de carritos abandonados, o notificaciones personalizadas.
  - ➤ Plataformas como Mailchimp, ActiveCampaign o Marketo permiten automatizar gran parte del proceso de marketing, garantizando que cada cliente reciba un tratamiento individualizado sin aumentar la carga de trabajo de los equipos.

2.3. Uso de redes sociales y comunidades en línea

Las redes sociales y las comunidades en línea han redefinido la forma en que las empresas interactúan con sus clientes. Ya no se trata solo de vender productos, sino de construir relaciones, escuchar a los usuarios y generar lealtad mediante el diálogo y la participación.

1. Redes Sociales como Herramienta de Relación

   Las redes sociales son fundamentales para el engagement del cliente, creando un puente directo entre la empresa y el consumidor.

   - ⇨ **Comunicación Bidireccional:** Las empresas pueden responder directamente a las preguntas y comentarios de los clientes en tiempo real, lo que ayuda a fortalecer la relación.
   - ⇨ **Fidelización:** Las empresas utilizan las redes sociales para construir comunidades de clientes fieles, involucrándolos en concursos, promociones y contenido interactivo.
   - ⇨ **Branding y Visibilidad:** A través de campañas bien diseñadas en redes como Instagram, Facebook y Twitter, las marcas pueden aumentar su visibilidad y reforzar su imagen.
   - ⇨ **Publicidad Social:** Las redes sociales ofrecen opciones publicitarias altamente segmentadas, lo que permite llegar a los clientes ideales con anuncios relevantes basados en su comportamiento e intereses.

2. Creación de Comunidades en Línea

Las comunidades en línea permiten a las marcas interactuar con sus clientes en un entorno más cercano y participativo.

⇨ **Comunidades Propias:** Algunas marcas han creado sus propias plataformas de comunidad, como foros o grupos privados, donde los clientes pueden intercambiar experiencias, obtener soporte y participar en el desarrollo del producto.

⇨ **Engagement:** Estas comunidades permiten a las marcas obtener valiosa retroalimentación directa de los clientes, lo que les permite ajustar sus productos y servicios de acuerdo con las necesidades reales del mercado.

⇨ **Embajadores de Marca:** Dentro de estas comunidades, algunas empresas seleccionan "embajadores de marca", que son clientes leales que actúan como defensores, promocionando los productos y generando confianza entre otros usuarios.

2.4. Caso de Estudio: Estrategias de Engagement de una marca líder: Nike

Nike, una de las marcas más reconocidas a nivel mundial, ha demostrado cómo las estrategias de engagement digital pueden ser clave para el éxito. A lo largo de los años, Nike ha integrado de manera efectiva el uso de CRM, redes sociales y marketing digital para fortalecer su relación con los clientes.

1. Personalización a través de la tecnología

⇨ **Nike Plus:** Nike ha desarrollado su propia comunidad digital a través de su aplicación Nike Plus, que permite a los usuarios rastrear su rendimiento en actividades deportivas, acceder a contenido exclusivo, y participar en retos con otros usuarios. Esta plataforma no solo motiva a los clientes a utilizar productos Nike, sino que también refuerza la lealtad al involucrar a los consumidores en experiencias personalizadas y gamificadas.

⇨ **Nike By You:** Nike ofrece a sus clientes la posibilidad de personalizar sus propios productos, como zapatillas, a través de la plataforma Nike

By You. Esta estrategia no solo fortalece la relación entre la marca y el cliente, sino que también convierte el proceso de compra en una experiencia única y memorable.

2. Uso de Redes Sociales y Engagement Directo

⇨ **Instagram y Twitter:** Nike es una de las marcas más activas en redes sociales, donde utiliza contenido visual atractivo, historias de atletas y campañas de inclusión social para conectar emocionalmente con sus clientes. A través de hashtags como #JustDoIt, Nike ha creado una comunidad global de seguidores que no solo compran sus productos, sino que también promueven los valores de la marca.

⇨ **Campañas Sociales:** Nike ha utilizado sus plataformas sociales para impulsar mensajes de impacto cultural y social, como su campaña protagonizada por Colin Kaepernick en 2018. Este enfoque valiente y auténtico ha reforzado la conexión de la marca con sus clientes, en particular con las generaciones más jóvenes que valoran la responsabilidad social.

3. CRM y Personalización del Cliente

⇨ **Nike App:** A través de su aplicación, Nike recoge datos sobre las preferencias y el comportamiento de los usuarios para personalizar la experiencia de compra. Al utilizar estos datos, Nike envía recomendaciones de productos, ofertas personalizadas y contenido relevante, lo que aumenta la probabilidad de conversión y refuerza la lealtad del cliente.

⇨ **Automatización del Marketing:** Nike también utiliza sistemas automatizados para enviar correos electrónicos personalizados basados en el comportamiento del usuario (por ejemplo, carritos abandonados, ofertas especiales en cumpleaños), optimizando así sus esfuerzos de marketing y ofreciendo una experiencia fluida.

La relación con el cliente ha cambiado profundamente en la era digital. La personalización, la automatización y el uso de redes sociales son herramientas clave para mejorar la experiencia del cliente y fomentar una relación más cercana y duradera. Las empresas que adopten estrategias centradas en el cliente y aprovechen la tecnología para ofrecer experiencias coherentes y personalizadas estarán mejor posicionadas para generar lealtad y obtener una ventaja competitiva en el mercado.

El caso de Nike demuestra que una estrategia de engagement bien diseñada, que combine el marketing digital con plataformas de interacción personalizadas, puede ser crucial para construir relaciones sólidas y emocionales con los clientes en el entorno digital actual.

3. En las Operaciones de la Empresa

La digitalización y las nuevas tecnologías no solo han transformado la relación con los clientes, sino que también han cambiado radicalmente cómo las empresas gestionan sus operaciones internas. Las empresas modernas están adoptando herramientas digitales para automatizar procesos, optimizar la eficiencia y mejorar la cadena de suministro. En este apartado, exploraremos cómo la digitalización de procesos, la automatización y la logística inteligente están remodelando las operaciones empresariales.

3.1. Digitalización de Procesos: Herramientas y Software

La digitalización de procesos se refiere a la adopción de tecnologías digitales para mejorar la eficiencia y efectividad de las operaciones empresariales. Esto incluye la implementación de software y herramientas que facilitan la gestión, control y optimización de los diferentes procesos de negocio.

1. Software de Gestión Empresarial (ERP)

   Los ERP (Enterprise Resource Planning) son sistemas integrados de software que ayudan a las empresas a gestionar sus operaciones en un solo lugar. Estas plataformas permiten a las empresas automatizar procesos y tener una visión unificada de sus operaciones, lo que mejora la toma de decisiones y la eficiencia.

   ⇨ Funciones clave:

   - Gestión de inventarios.
   - Finanzas y contabilidad.

- Recursos humanos.
- Gestión de la producción.
- Ventas y atención al cliente.

⇨ Ejemplos de ERP:

- **SAP:** Uno de los ERPs más completos del mercado, utilizado por grandes empresas para gestionar sus operaciones a nivel global.
- **Oracle NetSuite:** Una plataforma de ERP basada en la nube, adecuada tanto para pymes como para grandes corporaciones.
- **Odoo:** Un ERP de código abierto que ofrece módulos flexibles adaptables a las necesidades específicas de una empresa.

2. Herramientas de Colaboración y Comunicación

El trabajo remoto y la globalización han aumentado la necesidad de herramientas que permitan a los equipos colaborar de manera efectiva, independientemente de su ubicación.

⇨ Herramientas de comunicación:

- **Slack:** Plataforma de mensajería empresarial que facilita la colaboración entre equipos.
- **Microsoft Teams:** Integra chat, videoconferencias y herramientas de Office 365 en una sola plataforma.

⇨ Gestión de proyectos:

- **Trello y Asana:** Herramientas para la gestión de proyectos y tareas que permiten a los equipos organizar y seguir el progreso de sus proyectos en tiempo real.

3. Software de Gestión de Clientes (CRM)

Como mencionamos anteriormente, el CRM es clave para gestionar las relaciones con los clientes. Desde el punto de vista operativo, también facilita la gestión de ventas, el seguimiento de clientes potenciales y la automatización del proceso de atención al cliente, lo que ayuda a mejorar la eficiencia operativa.

- Ejemplos de CRM:
  - **Salesforce:** Líder en CRM, permite gestionar todas las interacciones con clientes, automatizando procesos de ventas y marketing.
  - **Zoho CRM:** Una solución más accesible para pymes, con funcionalidades que incluyen ventas, marketing y servicio al cliente.

La digitalización de procesos, utilizando herramientas como ERP, CRM y software de colaboración, permite a las empresas ser más ágiles, reducir errores humanos y operar de manera más eficiente.

3.2. Automatización y Eficiencia Operativa

La automatización es el proceso de utilizar tecnologías y sistemas para ejecutar tareas sin la intervención humana, lo que mejora la eficiencia operativa y permite a las empresas centrarse en actividades de mayor valor añadido. La automatización se puede aplicar a una variedad de áreas dentro de una organización.

1. Automatización de Tareas Repetitivas

   La automatización de procesos repetitivos y manuales reduce el tiempo y los recursos dedicados a tareas administrativas y operativas.

- Automatización Robótica de Procesos (RPA):
  - RPA implica el uso de software (bots) para ejecutar tareas repetitivas que normalmente realizaría un humano, como la entrada de datos, el procesamiento de pedidos o la generación de informes.
  - Ejemplos:
    - **UiPath:** Una de las plataformas de RPA más avanzadas, utilizada para automatizar procesos administrativos en sectores como la banca, seguros y recursos humanos.
    - **Blue Prism:** Ofrece soluciones RPA para automatizar tareas complejas y de gran volumen, como la gestión de inventarios o el procesamiento de facturas.

2. Automatización del Marketing

   La automatización del marketing permite a las empresas crear, programar y ejecutar campañas de marketing digital sin necesidad de intervención constante. Esto no solo ahorra tiempo, sino que también garantiza que los mensajes lleguen a los clientes en el momento adecuado.

- Ejemplos de plataformas de automatización del marketing:

  - ⇨ **HubSpot:** Ayuda a las empresas a automatizar el envío de correos electrónicos, la gestión de redes sociales y la creación de contenido.

  - ⇨ **Mailchimp:** Facilita la creación de campañas de correo electrónico automatizadas basadas en el comportamiento del usuario.

3. Eficiencia Operativa y Reducción de Costos

   La automatización no solo ahorra tiempo, sino que también reduce significativamente los costos operativos, ya que minimiza los errores humanos, mejora la precisión y aumenta la productividad.

   - ⇨ **Automatización en Producción:** En industrias como la automotriz o la manufactura, las líneas de producción automatizadas permiten aumentar la velocidad de fabricación y reducir los defectos.

   - ⇨ **Automatización Financiera:** La automatización en finanzas puede reducir los tiempos de cierre de cuentas, automatizar el proceso de facturación y pagos, y mejorar la precisión de los informes financieros.

   La automatización en sus diferentes formas está redefiniendo la eficiencia operativa, liberando recursos humanos para que se centren en actividades más estratégicas y creativas.

3.3. Supply Chain Digital y Logística Inteligente

La cadena de suministro digital y la logística inteligente son aspectos clave de las operaciones modernas, especialmente con el crecimiento del e-commerce y la globalización. La transformación digital en esta área permite a las empresas ser más ágiles, reaccionar rápidamente a las fluctuaciones de la demanda y optimizar el uso de recursos.

1. Supply Chain Digital

El concepto de supply chain digital se refiere a la integración de tecnologías digitales a lo largo de toda la cadena de suministro, desde la producción hasta la entrega final al cliente. Estas tecnologías permiten la visibilidad en tiempo real, el análisis predictivo y una gestión más eficiente de los recursos.

Supply Chain Digital

Tecnologías clave

01 **Internet de las Cosas (IoT):** Los dispositivos conectados permiten monitorizar en tiempo real el estado de los productos, el inventario y el transporte.

02 **Blockchain:** Utilizado para mejorar la trazabilidad y la seguridad en la cadena de suministro, proporcionando un historial inmutable de cada etapa del proceso.

03 **Big Data:** Los datos recopilados a lo largo de la cadena de suministro permiten prever demandas futuras, mejorar la planificación de la producción y optimizar los niveles de inventario.

2. Logística Inteligente

La logística inteligente se refiere al uso de tecnologías avanzadas para gestionar y optimizar el transporte y la distribución de productos. Con la creciente demanda de entregas rápidas y eficientes, la logística inteligente es crucial para el éxito de muchas empresas, especialmente en el sector del comercio electrónico.

- Rutas optimizadas y entregas rápidas:
  - Los sistemas de gestión de transporte (TMS) utilizan datos en tiempo real para optimizar las rutas de entrega y reducir los tiempos de transporte.
- Automatización en almacenes:
  - Los almacenes automatizados utilizan robots y sistemas de gestión automatizados para mover productos de manera eficiente dentro de los centros de distribución. Esto reduce la necesidad de mano de obra humana y acelera el procesamiento de pedidos.
  - **Ejemplo:** Los centros logísticos de Amazon, que utilizan robots automatizados para gestionar la clasificación, almacenamiento y recogida de productos.
- Drones y vehículos autónomos:
  - Drones y vehículos autónomos están empezando a ser utilizados en la logística para realizar entregas más rápidas y económicas. Por ejemplo, Amazon está experimentando con Prime Air, un sistema de drones para entregar productos en menos de 30 minutos.
- Gestión de Inventarios en Tiempo Real:
  - El uso de tecnologías como RFID (Identificación por Radiofrecuencia) permite a las empresas realizar un seguimiento en tiempo real de sus inventarios, lo que mejora la planificación de la demanda y reduce los costos asociados a la sobreproducción o escasez de productos.

Ejemplos de Supply Chain Digital y Logística Inteligente

- **Walmart:** Ha implementado tecnologías avanzadas como la automatización de almacenes y el uso de análisis predictivos para mejorar la gestión de inventarios y garantizar la disponibilidad de productos en todas sus tiendas.
- **DHL:** Es un pionero en el uso de robots automatizados y drones para optimizar la logística, mejorando los tiempos de entrega y reduciendo los costos operativos.

La digitalización de las operaciones empresariales ha permitido a las empresas aumentar su eficiencia, reducir costos y mejorar su capacidad de respuesta a las demandas del mercado. El uso de herramientas y software como los ERP y CRM, combinado con la automatización de procesos y la adopción de supply chains digitales, está transformando la forma en que las empresas gestionan sus operaciones.

Para las empresas que buscan mantenerse competitivas en la era digital, la adopción de estas tecnologías no es solo una ventaja, sino una necesidad. Aquellas que sean capaces de implementar soluciones de automatización, mejorar la eficiencia operativa y optimizar sus cadenas de suministro estarán mejor preparadas para enfrentar los desafíos de un mercado globalizado y altamente digitalizado.

4. En las Alianzas Estratégicas

En un entorno empresarial cada vez más digitalizado, las alianzas estratégicas han adquirido una importancia fundamental. Las empresas están buscando formas de colaborar no solo para expandir su alcance, sino también para crear nuevas oportunidades y ofrecer valor añadido a sus clientes. Este apartado explora las colaboraciones y partnerships en el entorno digital, la creación de ecosistemas empresariales para co-crear valor y un caso de estudiosobre alianzas entre empresas tecnológicas y tradicionales.

4.1. Colaboraciones y Partnerships en el Entorno Digital

Las alianzas estratégicas en el entorno digital no solo se basan en acuerdos comerciales tradicionales, sino que están orientadas a la innovación y la co-creación. Estas alianzas permiten a las empresas compartir recursos, conocimientos y tecnologías, lo que les ayuda a abordar desafíos comunes y explorar nuevas oportunidades de negocio.

- Tipos de Colaboraciones en el Entorno Digital

1. Integración de Tecnología:

    ⇨ Las empresas tecnológicas suelen colaborar con otras compañías para integrar sus soluciones en los productos o servicios de estas.

Por ejemplo, los fabricantes de automóviles se asocian con empresas tecnológicas para integrar sistemas de navegación o plataformas de software en los vehículos.

⇨ **Ejemplo:** Apple CarPlay, que se integra en los automóviles de múltiples fabricantes para ofrecer a los conductores acceso a aplicaciones de Apple desde la interfaz del vehículo.

2. Co-marketing y Co-branding:

⇨ El co-marketing y co-branding son colaboraciones entre empresas que buscan mejorar la visibilidad de ambas marcas mediante campañas conjuntas. Este tipo de colaboración es particularmente eficaz en el mundo digital, donde la integración de marcas y productos puede ofrecer experiencias enriquecidas a los consumidores.

⇨ **Ejemplo:** La colaboración entre Nike y Apple, donde ambas empresas se asociaron para crear productos como el Nike+iPod, un sistema que conectaba los iPods con zapatillas Nike para rastrear el rendimiento de los usuarios mientras hacían ejercicio.

3. Startups y Corporaciones:

⇨ Las grandes corporaciones están colaborando cada vez más con startups tecnológicas para aprovechar su capacidad de innovación y agilidad. En muchos casos, las startups proporcionan tecnología disruptiva o modelos de negocio innovadores que ayudan a las empresas tradicionales a mantenerse competitivas en un entorno digital.

⇨ **Ejemplo:** Microsoft ha creado múltiples programas de aceleración para startups, donde ofrece acceso a su plataforma en la nube Azure, mentoría y recursos financieros, mientras que las startups aportan innovación y nuevas ideas.

4. Alianzas para Acceso a Nuevos Mercados:

⇨ Las empresas colaboran para acceder a nuevos mercados, tanto geográficos como sectoriales. En el mundo digital, las alianzas estratégicas pueden permitir que una empresa ingrese en mercados internacionales sin necesidad de infraestructura física, aprovechando las plataformas o tecnologías de un socio local.

⇨ **Ejemplo:** La colaboración entre Alibaba y PayPal permitió a Alibaba acceder a consumidores fuera de China, facilitando el pago en su plataforma de comercio electrónico mediante un sistema confiable y reconocido globalmente.

4.2. Ecosistemas Empresariales y Co-Creación de Valor

El concepto de ecosistemas empresariales se refiere a la colaboración de múltiples actores, incluidas empresas, proveedores, clientes y socios tecnológicos, que trabajan en conjunto para crear valor. Los ecosistemas digitales son estructuras dinámicas en las que las empresas interactúan entre sí de manera colaborativa para innovar, mejorar la experiencia del cliente y alcanzar objetivos comunes.

♦ Características Clave de un Ecosistema Empresarial

1. Interdependencia:

⇨ Las empresas dentro de un ecosistema son interdependientes. Dependen unas de otras para proporcionar servicios complementarios que mejoren la oferta total. Por ejemplo, en la industria tecnológica, los proveedores de hardware y software colaboran para ofrecer una solución completa a los consumidores.

2. Innovación Colectiva:

⇨ Los ecosistemas empresariales fomentan la co-creación de valor, donde múltiples empresas colaboran para desarrollar nuevas soluciones o productos que ninguna de ellas podría crear por sí sola. Esta innovación colectiva es fundamental para enfrentar los desafíos complejos que exige la transformación digital.

3. Escalabilidad:

⇨ Los ecosistemas permiten a las empresas escalar más rápidamente, ya que no necesitan desarrollar todas las capacidades por sí mismas. En lugar de competir por todos los aspectos del negocio, las empresas se centran en sus fortalezas y colaboran con otras para complementar sus debilidades.

4. Plataformas Digitales:

   ⇨ Las plataformas digitales juegan un papel clave en la creación de ecosistemas. Empresas como Amazon, Google o Apple han construido ecosistemas donde otros actores (desarrolladores, vendedores, proveedores de servicios) pueden integrarse y beneficiarse de su infraestructura y red de usuarios.

   ⇨ **Ejemplo:** El App Store de Apple es un ecosistema donde miles de desarrolladores crean aplicaciones para los dispositivos de Apple. Estas aplicaciones no solo benefician a los usuarios de Apple, sino que también crean ingresos para los desarrolladores, a la vez que fortalecen la propuesta de valor de Apple.

♦ Co-creación de Valor en el Entorno Digital

La co-creación de valor es el proceso mediante el cual empresas y clientes colaboran para desarrollar productos o servicios que proporcionen beneficios mutuos. En el entorno digital, esto puede implicar la integración de comentarios y datos de los clientes en el proceso de innovación o el desarrollo conjunto de nuevas soluciones entre varias empresas.

⇨ **Ejemplo:** LEGO Ideas es una plataforma que permite a los clientes enviar ideas para nuevos productos. Las propuestas que obtienen el apoyo suficiente son fabricadas por LEGO, y los creadores reciben una parte de las ganancias. Este es un ejemplo de co-creación de valor entre una empresa y sus clientes.

4.3. Caso de Estudio: Alianzas entre Empresas Tecnológicas y Tradicionales

Un claro ejemplo de alianzas estratégicas entre empresas tecnológicas y tradicionales es la colaboración entre Ford y Google. Esta alianza representa cómo una empresa tradicional, como Ford, puede aprovechar el ecosistema tecnológico de una empresa digital líder como Google para adaptarse a la transformación digital.

- **Contexto del Caso:** Ford y Google

  - **Desafío:** Como fabricante de automóviles con más de un siglo de historia, Ford se enfrenta a un entorno donde la industria automotriz está experimentando una profunda transformación debido a la electrificación, la conducción autónoma y las expectativas de los consumidores en torno a los servicios digitales. La empresa necesitaba modernizarse para seguir siendo competitiva frente a nuevos actores como Tesla.

  - **Solución:** En 2021, Ford anunció una alianza estratégica con Google para integrar tecnologías avanzadas de inteligencia artificial, machine learning y big data en su operación. El objetivo de esta colaboración es mejorar tanto la experiencia del cliente como la eficiencia operativa.

- Componentes de la Alianza Ford-Google

1. Google Cloud:

   - Ford utiliza Google Cloud para almacenar y analizar grandes cantidades de datos generados por sus vehículos conectados. Con esta plataforma, Ford puede ofrecer actualizaciones de software a sus vehículos, monitorizar el rendimiento en tiempo real y prever problemas mecánicos antes de que ocurran.

   - **Ejemplo:** Gracias a la integración de los servicios de nube de Google, Ford puede ofrecer soluciones como el diagnóstico remoto, que permite a los propietarios recibir alertas sobre el mantenimiento necesario sin necesidad de visitar un taller.

2. Inteligencia Artificial y Machine Learning:

   - Google aporta su experiencia en inteligencia artificial y machine learning para ayudar a Ford a mejorar la eficiencia de su cadena de suministro y operaciones logísticas. El uso de estas tecnologías permite a Ford optimizar la producción, reducir costos y prever las fluctuaciones de la demanda.

3. Vehículos Conectados:

   ⇨ Ford está integrando Google Assistant y Google Maps en sus vehículos para mejorar la experiencia del usuario. Además, los usuarios de Ford podrán acceder a las aplicaciones y servicios de Google directamente desde sus automóviles, proporcionando una experiencia digital fluida.

- Beneficios de la Alianza para Ambas Partes

  ⇨ Ford:

  - Mejora su capacidad para ofrecer servicios digitales avanzados y mejorar la experiencia del cliente.
  - Aprovecha la infraestructura tecnológica de Google para modernizar sus operaciones internas y ser más competitiva en el mercado automotriz.

  ⇨ Google:

  - Expande el uso de sus servicios de nube e inteligencia artificial en una nueva industria, consolidando su posición como proveedor clave de soluciones tecnológicas.
  - Gana acceso a datos del sector automotriz, lo que le permitirá desarrollar soluciones aún más personalizadas y específicas para esta industria.

Las alianzas estratégicas en el entorno digital son clave para que las empresas puedan innovar, crear valor y mantenerse competitivas. Estas colaboraciones, como las que hemos visto entre Ford y Google, permiten a las empresas aprovechar las fortalezas de otras para complementar sus capacidades y explorar nuevas oportunidades de mercado.

Los ecosistemas empresariales y la co-creación de valor son esenciales en la era digital, ya que permiten a las empresas escalar, compartir riesgos y recursos, y acceder a nuevas tecnologías. Las empresas que logran construir alianzas estratégicas sólidas no solo mejoran su competitividad, sino que también se posicionan como líderes en un mercado global cada vez más conectado.

RESUMEN

Cambios en el Modelo Propiciados por la Digitalización y Nuevas Tecnologías

La digitalización y las nuevas tecnologías han transformado la manera en que las empresas generan ingresos y gestionan la relación con los clientes. Monetización digital a través de publicidad en línea, e-commerce y microtransacciones, junto con modelos de suscripción y freemium, son las principales formas de generar ingresos hoy en día.

Empresas como Netflix han demostrado cómo adaptarse con éxito a este nuevo entorno, adoptando estrategias de personalización y suscripción que les permiten mantenerse relevantes y competitivas.

En cuanto a la relación con el cliente, la experiencia ha pasado a ser omnicanal y personalizada, y las empresas que utilizan CRM y marketing digital para gestionar esta relación están mejor posicionadas para generar lealtad. Las redes sociales y las comunidades en línea también han pasado a ser herramientas fundamentales para la interacción y el engagement con los clientes.

Nike es un ejemplo clave de cómo las marcas líderes pueden utilizar las herramientas digitales para personalizar la experiencia del cliente y crear comunidades comprometidas. Con su plataforma Nike Plus y la posibilidad de personalización de productos a través de Nike By You, la marca ha logrado una profunda conexión emocional con sus clientes.

ICB
EDITORES

UNIDAD

1.4. Repensando Mi Modelo de Negocio

Contenido de la Unidad

- Herramientas para la Innovación
- Implementación y Adaptación
- Plan de Acción Personalizado
- Resumen

ICB
EDITORES

1. HERRAMIENTAS PARA LA INNOVACIÓN

1.1. Design Thinking: Enfoque Centrado en el Usuario

Design Thinking es una metodología de resolución de problemas que se centra en entender las necesidades de los usuarios para crear soluciones innovadoras. Este enfoque es altamente colaborativo e iterativo, lo que significa que implica probar, aprender y ajustar continuamente las ideas para alinearse mejor con las expectativas de los usuarios.

♦ Fases del Design Thinking

El proceso de Design Thinking generalmente se divide en cinco fases clave, aunque es flexible y puede ajustarse a las necesidades del proyecto:

1. Empatizar:

⇨ En esta fase inicial, el objetivo es comprender profundamente a los usuarios y sus necesidades. Implica observar, interactuar y realizar entrevistas con los usuarios finales para descubrir qué problemas están enfrentando y cómo lo experimentan desde su perspectiva.

⇨ Ejemplo: Si estás diseñando una nueva aplicación móvil, esta fase podría incluir entrevistas con los usuarios para entender sus frustraciones con las aplicaciones actuales, qué características valoran y qué les gustaría mejorar.

2. Definir:

⇨ Una vez que hayas comprendido los problemas y las necesidades del usuario, debes sintetizar esta información para definir el problema de manera clara y precisa. Esto implica identificar el problema principal que el diseño debe resolver.

⇨ Ejemplo: En el contexto de la aplicación móvil, podrías definir que el problema clave es que los usuarios no encuentran fácilmente lo que buscan dentro de las aplicaciones, lo que genera una experiencia de usuario insatisfactoria.

3. Idear:

   ⇨ Esta fase es donde comienza la generación de ideas. A partir de la comprensión obtenida en las fases anteriores, el equipo debe generar el mayor número posible de soluciones creativas al problema definido. El brainstorming y las lluvias de ideas son muy comunes en esta etapa.

   ⇨ Ejemplo: Podrías generar ideas como agregar una barra de búsqueda predictiva en la aplicación, crear una interfaz más intuitiva o desarrollar una función de recomendaciones personalizadas.

4. Prototipar:

   ⇨ Una vez que se han generado varias ideas, el equipo selecciona las más prometedoras y crea prototipos, que son versiones simples y funcionales de esas ideas. Los prototipos permiten probar las ideas con usuarios reales sin invertir demasiado tiempo o dinero.

   ⇨ Ejemplo: En lugar de desarrollar la aplicación completa, podrías crear un prototipo de baja fidelidad o un esquema interactivo que simule las funciones principales.

5. Probar:

   ⇨ En esta fase, los prototipos se prueban con usuarios reales para obtener retroalimentación. A partir de los resultados, se puede volver a ajustar la idea o el diseño, iterando tantas veces como sea necesario para acercarse a la mejor solución.

   ⇨ Ejemplo: Podrías permitir que un grupo de usuarios utilice la versión prototipo de la aplicación y observar cómo interactúan con ella, identificando qué mejoras deben realizarse.

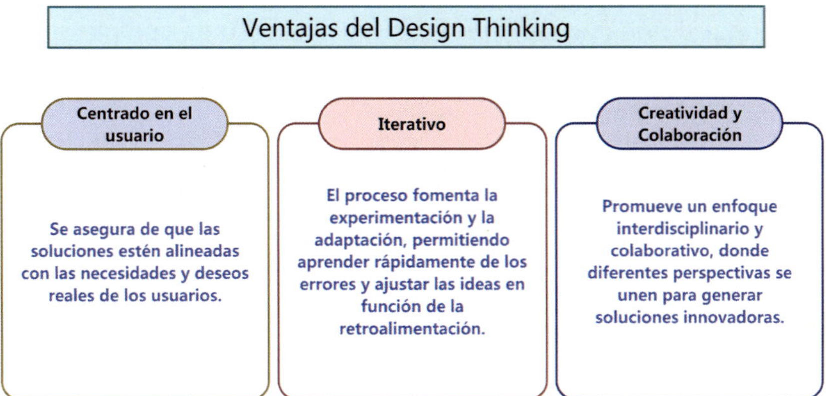

- Aplicación del Design Thinking en la Innovación del Modelo de Negocio

El Design Thinking puede ser una herramienta poderosa para repensar los modelos de negocio, especialmente cuando se busca una mayor alineación con los clientes. Al poner al usuario en el centro del proceso, las empresas pueden identificar oportunidades de innovación, mejorar la experiencia del cliente y descubrir nuevas formas de ofrecer valor.

1.2. Lean Startup: Validación y Aprendizaje Continuo

El Lean Startup es un enfoque desarrollado por Eric Ries que se centra en el desarrollo ágil de productos, basado en la creación rápida de prototipos y la validación continua con el cliente. A diferencia de los métodos tradicionales de negocio, donde se desarrollan productos completos antes de lanzarlos al mercado, el Lean Startup promueve la creación de un Producto Mínimo Viable (MVP) para probar rápidamente ideas en el mercado real y ajustar el modelo según los resultados obtenidos.

- Principios del Lean Startup

1. Producto Mínimo Viable (MVP):

   ⇨ El MVP es una versión básica de un producto que incluye solo las características necesarias para satisfacer a los primeros usuarios y obtener retroalimentación. La idea es que el producto no tiene que estar completo para ser lanzado al mercado; en lugar de eso, se lanza una versión "suficientemente buena" para empezar a aprender del usuario.

- ⇨ Ejemplo: Si estás lanzando una plataforma de aprendizaje en línea, en lugar de desarrollar todas las funcionalidades complejas, podrías lanzar una versión simple con unos pocos cursos básicos para ver cómo responden los primeros usuarios.

2. Aprender Mediante la Experimentación:

- ⇨ En lugar de basarse en suposiciones, el enfoque Lean busca aprender mediante la validación continua con los usuarios. Esto se logra lanzando rápidamente el MVP, obteniendo retroalimentación y ajustando el producto a medida que se aprende más sobre lo que el cliente realmente necesita.
- ⇨ Ejemplo: Después de lanzar el MVP de la plataforma de aprendizaje, podrías aprender que los usuarios prefieren lecciones más cortas y personalizadas, por lo que decides ajustar tu enfoque.

3. Ciclo "Construir-Medir-Aprender":

- ⇨ El corazón del Lean Startup es el ciclo Construir-Medir-Aprender. Primero se construye el MVP, luego se mide cómo los usuarios interactúan con él, y finalmente se aprende de los resultados para hacer ajustes y mejoras. Este ciclo es continuo, permitiendo a las empresas pivotar rápidamente si es necesario.
- ⇨ Construir: Crear una versión simplificada del producto o servicio.
- ⇨ Medir: Recopilar datos clave y retroalimentación de los usuarios.
- ⇨ Aprender: Analizar los resultados y tomar decisiones sobre cómo avanzar (pivotar o perseverar).

4. Pivotar o Perseverar:

- ⇨ A lo largo del ciclo de construcción y validación, las empresas deben decidir si siguen el camino elegido o si deben hacer un pivot. Pivotar significa cambiar alguna parte del modelo de negocio o el producto para alinearse mejor con las necesidades del mercado, mientras que perseverar significa continuar con la idea original si los resultados son prometedores.

- ⇨ Ejemplo: Si descubres que los usuarios de tu plataforma de aprendizaje prefieren cursos en vivo en lugar de grabaciones pregrabadas, podrías pivotar hacia un modelo que ofrezca más clases en tiempo real.

- ♦ Ventajas del Lean Startup

  - ⇨ Eficiencia de recursos: El enfoque MVP reduce los costos y los riesgos, al lanzar versiones limitadas del producto antes de comprometer grandes recursos.
  - ⇨ Velocidad de aprendizaje: Permite iterar y ajustar el producto rápidamente, basado en datos reales y feedback de los usuarios, en lugar de suposiciones o estudios prolongados.
  - ⇨ Adaptabilidad: Al ser iterativo y centrado en el aprendizaje continuo, las empresas pueden cambiar de dirección cuando es necesario sin grandes pérdidas.

- ♦ Aplicación del Lean Startup en la Innovación del Modelo de Negocio

El enfoque Lean Startup puede aplicarse no solo al desarrollo de productos, sino también al diseño y ajuste de modelos de negocio. Lanzar nuevas ideas y componentes del modelo de negocio en pequeñas versiones para probar su viabilidad antes de invertir grandes recursos permite a los emprendedores adaptarse mejor al mercado, reducir riesgos y aumentar la probabilidad de éxito.

Las herramientas como Design Thinking y Lean Startup son esenciales para los emprendedores y empresarios que buscan innovar y repensar sus modelos de negocio en un entorno competitivo y dinámico. Mientras que Design Thinking se centra en el usuario y en la creación de soluciones creativas para resolver sus problemas, el Lean Startuppone énfasis en la experimentación rápida, la validación continua y el aprendizaje mediante ciclos iterativos.

Ambos enfoques son complementarios y pueden ser integrados en el proceso de rediseñar un modelo de negocio. Al combinar el enfoque centrado en el usuario del Design Thinking con la metodología ágil del Lean Startup, las empresas pueden desarrollar productos y servicios más alineados con las necesidades del mercado, reducir riesgos y aumentar la probabilidad de éxito.

2. Implementación y Adaptación

Una vez que se han identificado las oportunidades de innovación y se ha diseñado un modelo de negocio utilizando herramientas como Design Thinking y Lean Startup, es crucial ejecutar ese modelo de manera efectiva. La implementación y adaptación se refieren a poner en marcha el plan y, a través de la retroalimentación continua del mercado, ajustar el modelo de negocio para que se adapte mejor a las necesidades reales de los usuarios. Este apartado explora el prototipado y pruebas de concepto, el feedback del mercado y adaptación ágil, y un caso de estudiosobre el pivotaje exitoso de una startup.

2.1. Prototipado y Pruebas de Concepto

El prototipado es una fase crítica en la implementación de cualquier modelo de negocio innovador. Permite a los emprendedores y empresas desarrollar una versión inicial de su producto, servicio o modelo de negocio que puede ser probado antes de una implementación a gran escala. Los prototipos son versiones simplificadas que ayudan a validar ideas, reducir riesgos y recopilar retroalimentación temprana de los usuarios.

1. ¿Qué es un Prototipo?

   Un prototipo es una representación física o digital de una idea que aún está en desarrollo. Su propósito es visualizar y probar las funciones principales del producto o servicio. El prototipo no tiene que ser perfecto ni incluir todas las características finales, sino lo suficientemente funcional para evaluar la viabilidad y las reacciones del usuario.

   ⇨ Prototipos físicos: En productos tangibles, como dispositivos o herramientas, un prototipo físico puede ser un modelo de baja fidelidad o una versión limitada del producto final.

   ⇨ Prototipos digitales: En el caso de servicios o productos digitales, como aplicaciones o plataformas web, un prototipo puede ser una versión simplificada que simule las funcionalidades más importantes (wireframes o mockups).

2. Pruebas de Concepto

Las pruebas de concepto (PoC) son una etapa temprana donde se evalúa si una idea o tecnología es factible antes de realizar inversiones significativas. Se utilizan para validar que una solución puede funcionar técnicamente y cumplir con las expectativas del usuario.

⇨ Objetivo: Confirmar que el concepto básico es viable y resolver cualquier duda técnica antes de proceder con la implementación completa.

⇨ Métodos: Las pruebas pueden incluir experimentos controlados, demostraciones de productos o simulaciones.

Ventajas del Prototipado y Pruebas de Concepto

⇨ Reducción de riesgos: Al identificar y resolver problemas en una etapa temprana, se reducen los riesgos asociados a fallos de mercado o técnicos.

⇨ Mejora del producto: Permite mejorar el diseño o funcionalidad del producto antes del lanzamiento final, basándose en la retroalimentación de usuarios o stakeholders.

⇨ Eficiencia de recursos: Se evita gastar grandes cantidades de recursos en un producto o servicio que puede no tener aceptación en el mercado.

2.2. Feedback del Mercado y Adaptación Ágil

Después de realizar las pruebas de concepto y prototipos, es fundamental recopilar feedback del mercado. La adaptación ágil implica realizar ajustes rápidos basados en esa retroalimentación para asegurar que el producto o servicio se ajuste mejor a las expectativas y necesidades del cliente. Este enfoque iterativo permite a las empresas ser flexibles y reaccionar de manera oportuna a los cambios del mercado.

1. Recopilación de Feedback del Mercado

El feedback del mercado puede obtenerse de diferentes maneras, según el tipo de producto o servicio. Algunas formas comunes de recopilar retroalimentación incluyen:

- ⇨ Entrevistas y encuestas: Directamente con los usuarios que prueban el prototipo o producto inicial. Las entrevistas proporcionan una comprensión profunda de las experiencias y expectativas de los usuarios.
- ⇨ Pruebas beta: El lanzamiento de una versión beta del producto o servicio a un grupo limitado de usuarios permite obtener retroalimentación temprana sin afectar la imagen de la marca.
- ⇨ Análisis de datos: Las métricas de uso, tasas de conversión y comportamiento de los usuarios ofrecen información valiosa sobre cómo los clientes interactúan con el producto.

2. Adaptación Ágil

La adaptación ágil implica hacer cambios rápidos y frecuentes basados en el aprendizaje continuo. Utilizando los principios de metodologías ágiles, las empresas pueden responder más rápidamente a las oportunidades y los desafíos del mercado, mejorando el producto o servicio en ciclos cortos.

- ⇨ Principios de la Adaptación Ágil:
  - ➤ Iteración continua: Desarrollar, probar y ajustar el producto o servicio en pequeñas fases, en lugar de realizar un gran lanzamiento.
  - ➤ Priorización de mejoras: A través del feedback del mercado, identificar qué áreas del producto necesitan ajustes urgentes para maximizar el valor para los usuarios.
  - ➤ Colaboración activa: Involucrar tanto a los usuarios como a los equipos internos (desarrollo, marketing, ventas) en el proceso de mejora.
- ⇨ Beneficios de la Adaptación Ágil:
  - ➤ Ajuste rápido al mercado: En un entorno de rápido cambio, la capacidad de iterar y ajustarse rápidamente ayuda a las empresas a mantenerse competitivas.

- Optimización del producto: A medida que se reciben datos reales de los usuarios, el producto se ajusta mejor a sus necesidades, aumentando la satisfacción y la retención.
- Mejora de la eficiencia: En lugar de esperar hasta el final del desarrollo para hacer ajustes, se corrigen los problemas a medida que surgen.

2.3. Caso de Estudio: Pivotaje Exitoso de una Startup

Un ejemplo famoso de un pivotaje exitoso en el mundo de las startups es el caso de Slack, la plataforma de mensajería empresarial. Originalmente, Slack no comenzó como la herramienta de comunicación que conocemos hoy, sino como una empresa completamente diferente que desarrollaba un videojuego llamado Glitch.

- Contexto: El Fracaso Inicial de Glitch

  Glitch era un juego multijugador en línea lanzado en 2011 por la startup Tiny Speck, fundada por Stewart Butterfield (también cofundador de Flickr). Aunque el juego fue bien recibido por su creatividad, no logró atraer una base de usuarios lo suficientemente grande como para ser sostenible.

  - Problema: La startup enfrentaba dificultades para escalar el videojuego y generar ingresos consistentes. La cantidad de usuarios era insuficiente para que el negocio prosperara, y el mercado no estaba preparado para un juego de ese tipo.

- Pivotaje hacia Slack

  Durante el desarrollo de Glitch, el equipo de Tiny Speck había creado una herramienta interna para mejorar la comunicación entre los desarrolladores y diseñadores distribuidos geográficamente. Esa herramienta interna permitía la mensajería rápida, la compartición de archivos y la colaboración en tiempo real. Cuando el equipo decidió cerrar el proyecto Glitch, se dieron cuenta de que la herramienta de comunicación que habían desarrollado tenía un enorme potencial en un mercado diferente.

  - Pivotaje: En lugar de insistir en mejorar un videojuego que no estaba resonando en el mercado, Tiny Speck decidió pivotar y centrarse en su herramienta interna de comunicación, que más tarde se convertiría en Slack.

♦ Factores Clave del Pivotaje Exitoso

1. Identificación de una Nueva Oportunidad de Mercado:

   ⇨ El equipo de Tiny Speck se dio cuenta de que el problema que habían resuelto para su equipo (la falta de una buena herramienta de comunicación) era algo que también enfrentaban muchas otras empresas. Había una gran demanda de herramientas de colaboración empresarial, especialmente en entornos distribuidos.

2. Producto Mínimo Viable (MVP):

   ⇨ Slack fue lanzado inicialmente como un MVP con funcionalidades básicas de mensajería y compartición de archivos. La versión inicial se puso a disposición de un pequeño grupo de usuarios, lo que permitió obtener feedback temprano para mejorar el producto.

3. Adaptación Ágil y Escalabilidad:

   ⇨ Con el feedback obtenido de los primeros usuarios, el equipo de Slack ajustó y añadió funcionalidades clave que respondían a las necesidades de las empresas. Además, Slack fue diseñado para integrarse fácilmente con otras herramientas de productividad, como Google Drive y Asana, lo que mejoró su utilidad y atrajo a más usuarios.

4. Crecimiento Exponencial:

   ⇨ espués del pivotaje, Slack rápidamente ganó popularidad en el mundo empresarial, convirtiéndose en una herramienta esencial para la comunicación interna. En pocos años, la empresa pasó de ser un proyecto fallido a una de las startups de mayor crecimiento en el mundo.

♦ Resultados del Pivotaje

Slack se ha consolidado como una de las plataformas de comunicación empresarial más utilizadas en el mundo, con millones de usuarios activos diarios. En 2021, Salesforce adquirió Slack por 27.700 millones de dólares, lo que muestra el éxito rotundo del pivotaje.

La implementación y adaptación son fases cruciales en la creación de un modelo de negocio innovador. A través del prototipado y las pruebas de concepto, las empresas pueden validar sus ideas antes de invertir grandes recursos. El feedback del mercado y la adaptación ágil permiten que las empresas ajusten su oferta en función de las necesidades reales de los usuarios, mejorando así la probabilidad de éxito.

El pivotaje exitoso de Slack demuestra cómo una startup puede transformar su destino mediante una correcta evaluación del mercado y la disposición a cambiar de dirección. Al centrarse en una oportunidad emergente y adoptar un enfoque iterativo y ágil, Slack pasó de ser un proyecto fallido a convertirse en un líder del mercado global.

3. Plan de Acción Personalizado

Para que una empresa pueda implementar con éxito un modelo de negocio innovador, es esencial contar con un plan de acción personalizado que establezca un rumbo claro, con metas alcanzables y una hoja de ruta bien definida. En esta sección, exploraremos cómo desarrollar un plan basado en la metodología de objetivos SMART, crear un roadmap de implementación, y definir los indicadores clave de rendimiento (KPIs) y métricas que permitan evaluar el progreso y ajustar las estrategias en función de los resultados.

3.1. Definición de Objetivos SMART

Los objetivos SMART son un marco ampliamente utilizado para establecer metas claras y efectivas, que ayudan a mantener el enfoque y asegurar que los equipos estén alineados. SMART es un acrónimo que significa Específicos, Medibles, Alcanzables, Relevantes y Temporales. Este enfoque proporciona una estructura clara para definir metas que no solo son inspiradoras, sino también realistas y alcanzables dentro de un tiempo determinado.

1. Específicos (Specific)

   Los objetivos deben ser claros y precisos. Un objetivo vago puede generar confusión y dificultar la ejecución, mientras que uno específico establece una dirección clara para los equipos.

- ⇨ Ejemplo no específico: "Aumentar las ventas".
- ⇨ Ejemplo específico: "Aumentar las ventas en un 15% en la región norte para el final del trimestre".

2. Medibles (Measurable)

Es fundamental que los objetivos puedan medirse. Sin una manera clara de cuantificar el progreso, es difícil saber si estás en el camino correcto. Los indicadores clave de rendimiento (KPIs) son herramientas útiles para esta parte, ya que ayudan a rastrear el desempeño.

- ⇨ Ejemplo medible: "Aumentar el número de leads generados a través de la página web de 200 a 300 por mes".

3. Alcanzables (Achievable)

Los objetivos deben ser realistas y alcanzables. Aunque es importante desafiarse, establecer metas demasiado ambiciosas puede generar desmotivación si resultan imposibles de alcanzar. El equipo debe tener los recursos y las capacidades para lograrlas.

- ⇨ Ejemplo alcanzable: "Aumentar el tráfico web en un 10% implementando estrategias de SEO, basándonos en los recursos disponibles en el departamento de marketing".

4. Relevantes (Relevant)

Los objetivos deben alinearse con las prioridades de la empresa y ser relevantes para el contexto general del negocio. Si el objetivo no contribuye a la visión o misión de la organización, podría no ser una prioridad en el corto plazo.

- ⇨ Ejemplo relevante: "Aumentar la tasa de conversión de leads a clientes en un 5% para fortalecer la rentabilidad de nuestro negocio en el segmento B2B".

5. Temporales (Time-bound)

Finalmente, los objetivos deben tener un plazo definido. Establecer un marco temporal ayuda a mantener el enfoque y a crear un sentido de urgencia. Además, permite programar revisiones periódicas para evaluar el progreso.

⇨ Ejemplo temporal: "Aumentar la retención de clientes en un 8% en los próximos seis meses, mediante la implementación de un programa de fidelización".

- Ejemplo Completo de un Objetivo SMART:

"Aumentar las ventas del producto X en un 20% en el mercado europeo (Específico) para el final del tercer trimestre (Temporal), utilizando una campaña de marketing digital que genere al menos 500 leads cualificados al mes (Medible), basándonos en el equipo y presupuesto actuales (Alcanzable), y alineado con nuestra estrategia de expansión en Europa (Relevante)".

3.2. Roadmap de Implementación

El roadmap de implementación es un plan estratégico detallado que organiza las acciones y pasos necesarios para lograr los objetivos establecidos. Este mapa incluye una línea de tiempo y define las responsabilidades y los recursos necesarios en cada fase del proceso.

- Elementos Clave de un Roadmap de Implementación

1. División en Fases o Etapas:

⇨ Divide el proceso en fases lógicas que pueden abordarse de manera secuencial o simultánea. Esto permite gestionar proyectos complejos y facilita la monitorización del progreso.

⇨ Ejemplo de fases:

➤ 1. Investigación y análisis de mercado.

➤ 2. Desarrollo de producto mínimo viable (MVP).

➤ 3. Pruebas piloto y recolección de feedback.

➤ 4. Lanzamiento oficial y campañas de marketing.

➤ 2. Definición de Hitos:

- ⇨ Los hitos son momentos clave dentro del roadmap donde se debe haber alcanzado un avance importante. Definir hitos claros ayuda a mantener el rumbo y permite evaluar si se está avanzando conforme a lo planeado.
- ⇨ Ejemplo de hitos:
  - "Lanzamiento del MVP en la segunda semana del trimestre".
  - "Alcanzar el 50% del objetivo de ventas antes de la mitad del trimestre".

2. Asignación de Responsabilidades:
   - ⇨ Para cada acción o fase, debe definirse claramente quién es responsable de llevarla a cabo. Esto asegura que todos los miembros del equipo estén alineados y sepan cuáles son sus roles específicos.
3. Recursos Necesarios:
   - ⇨ Detallar los recursos que se requieren en cada etapa del proceso, ya sean humanos, financieros o tecnológicos.
   - ⇨ Ejemplo: "Se necesita el equipo de desarrollo para implementar el MVP en la primera fase, mientras que el equipo de marketing se encargará de la fase de lanzamiento".
4. Evaluaciones y Revisiones:
   - ⇨ Es fundamental incluir momentos para evaluar el progreso y hacer ajustes si es necesario. Revisar el roadmap en intervalos regulares ayuda a asegurarse de que el proyecto siga en la dirección correcta y que los plazos se estén cumpliendo.

- ♦ Ejemplo de Roadmap para una Startup Tecnológica
  - ⇨ Fase 1 (Primer Mes): Investigación de mercado, análisis de la competencia y desarrollo de la propuesta de valor.
  - ⇨ Fase 2 (Meses 2-3): Desarrollo del prototipo del producto, pruebas internas y corrección de errores.

- ⇨ Fase 3 (Meses 4-5): Lanzamiento del producto mínimo viable (MVP) al público, con campañas iniciales de marketing y recopilación de feedback.
- ⇨ Fase 4 (Mes 6): Ajustes basados en el feedback, optimización del producto y lanzamiento oficial con una campaña de marketing a gran escala.

3.3. Indicadores Clave de Rendimiento (KPIs) y Métricas

Los KPIs son métricas específicas que permiten medir el éxito de las acciones implementadas en función de los objetivos fijados. Los KPIs proporcionan datos concretos sobre el rendimiento y son esenciales para tomar decisiones informadas. Las métricas, por su parte, son los datos cuantificables que sirven como base para calcular esos KPIs.

♦ Tipos de KPIs Comunes

1. KPIs de Ventas:
   - ⇨ Tasa de conversión: Proporción de leads que se convierten en clientes.
   - ⇨ Crecimiento de ventas: Incremento porcentual de las ventas durante un periodo determinado.
2. KPIs de Marketing:
   - ⇨ Tasa de conversión de leads: Porcentaje de personas que pasan de ser prospectos a clientes.
   - ⇨ Costo por adquisición (CPA): Costo total de adquirir un nuevo cliente.
3. KPIs de Producto:
   - ⇨ Tasa de retención: Proporción de clientes que permanecen utilizando el producto durante un periodo de tiempo.
   - ⇨ Uso del producto: Frecuencia con la que los clientes utilizan las funciones clave del producto.

4. KPIs de Financieros:

    - ⇨ Margen de beneficios: La diferencia entre los ingresos generados y los costos totales.
    - ⇨ Ingresos recurrentes mensuales (MRR): Cantidad de ingresos fijos generados cada mes.

- ♦ Uso de KPIs para la Toma de Decisiones

  Los KPIs permiten a los equipos evaluar el progreso de sus estrategias y determinar si las acciones implementadas están funcionando como se esperaba. Si los KPIs muestran resultados que no se alinean con los objetivos SMART, la empresa puede ajustar su plan de acción para mejorar los resultados.

- ♦ Ejemplo de Implementación de KPIs en un Proyecto de Innovación

  Supongamos que el objetivo SMART de una empresa es aumentar las ventas en un 15% en un trimestre mediante la expansión de su presencia digital. Los KPIs a seguir podrían incluir:

    - ⇨ Crecimiento mensual de ventas: Medir el incremento mensual para asegurarse de que se está progresando hacia el objetivo trimestral.
    - ⇨ Tasa de conversión en línea: Monitorear qué porcentaje de los visitantes en el sitio web se están convirtiendo en clientes.
    - ⇨ Costo por lead: Seguir de cerca cuánto cuesta generar cada lead digital para asegurar que las campañas de marketing sean eficientes.

La implementación de un plan de acción personalizado es esencial para convertir las ideas innovadoras en realidades concretas. Al definir objetivos SMART, las empresas pueden asegurarse de que están estableciendo metas claras, realistas y alineadas con su visión general. El roadmap de implementación actúa como una hoja de ruta detallada que guía cada paso del proceso, mientras que los KPIs proporcionan la retroalimentación necesaria para medir el éxito y realizar ajustes sobre la marcha.

Un enfoque estructurado, iterativo y medible es clave para lograr resultados exitosos y mantener la empresa en el camino correcto hacia la innovación y el crecimiento sostenible.

Resumen

Repensando Mi Modelo de Negocio

Este módulo aborda herramientas y estrategias clave para la innovación del modelo de negocio y su adaptación. El Design Thinking es un enfoque centrado en el usuario que promueve la innovación mediante la empatía, el prototipado y la iteración continua. A través de fases como empatizar, definir, idear, prototipar y probar, las empresas pueden diseñar soluciones que respondan directamente a las necesidades del cliente.

Por su parte, la metodología Lean Startup introduce el concepto de Producto Mínimo Viable (MVP) para validar ideas rápidamente en el mercado. A través del ciclo Construir-Medir-Aprender, los emprendedores pueden ajustar su producto o modelo de negocio basándose en la retroalimentación real de los usuarios, lo que permite un aprendizaje continuo y la capacidad de pivotar cuando sea necesario.

Una vez que se han diseñado y probado las innovaciones, es crucial implementar el modelo de negocio y adaptarlo de forma ágil. Herramientas como el prototipado y las pruebas de concepto ayudan a reducir riesgos y mejorar la viabilidad del producto antes de lanzarlo al mercado. A través del feedback del mercado y la adaptación ágil, las empresas pueden realizar cambios rápidos para ajustarse mejor a las necesidades del cliente.

Un plan de acción personalizado es fundamental para la ejecución exitosa del modelo de negocio. Al establecer objetivos SMART (Específicos, Medibles, Alcanzables, Relevantes y Temporales) y crear un roadmap de implementación, las empresas pueden gestionar eficazmente cada fase del proceso. Los indicadores clave de rendimiento (KPIs) permiten medir el éxito y ajustar las estrategias según sea necesario, asegurando que el negocio esté en el camino correcto hacia la innovación y el crecimiento.

ICB
EDITORES